Anja Vorspel

In und um Düsseldorf

Radeln für die Seele

15 Wohlfühltouren

Alle Touren auf einen Blick

AUSZEITEN

WEITBLICKE

ENTSCHLEUNIGUNG

Liebe Leserinnen und Leser,

Düsseldorf ist eine lebendige und quirlige Großstadt am Rhein. Mit diesem Buch lade ich Sie ein, die **grünen Seiten** der Stadt und ihrer Umgebung näher kennenzulernen.

Als Highlights der Stadt stelle ich die Wasserspielplätze und besonders gelungene Urban-Gardening Projekte vor. Im näheren Umland genießen wir die typischen Niederrheinlandschaften mit dem Rhein als ständigem Begleiter. Andere Eindrücke gewinnen wir im romantischen Neandertal, an der Duisburger Seenplatte und in der außergewöhnlichen Ohligser Heide. Einen Tag wie im Urlaub erleben wir auf der berühmten Nordbahntrasse mit Industrieromantik.

NATUR

KULTUR

GENUSS

TOUR

GPS-Tracks zum Download

Bei der Auswahl der Touren habe ich darauf geachtet, dass die Strecken weitgehend autofrei sind, damit das Radfahren **Genuss und Erholung** ist. Die Touren sind alle von mir persönlich erstellt und ich habe beim Testen der Strecken viel Spaß gehabt. Es gibt Touren für Menschen, die Düsseldorf kennenlernen wollen, aber für Kenner der Stadt sind auch **Überraschungen** dabei. Bei allen Touren gibt es Tipps für Restaurants, Biergärten und Eisdielen.

Entdecken Sie mit diesem Buch die **kleinen Paradiese** vor Ihrer Haustür. Dabei wünsche ich Ihnen viel Freude und immer genug Luft im Reifen.

Anja Vorspel

Rahmer Benden

Wälder und Seen

Durchs schöne Angerland

Unsere nördlichste Tour beginnt am Bahnhof Düsseldorf Flughafen. Der Weg führt uns durch schöne ruhige Wälder bis zur Sechs-Seen-Platte nach Duisburg. Am Ende wird die Tour durch einen Besuch im Park von Schloss Heltorf gekrönt. Unterwegs gibt es nicht so viele Einkehrmöglichkeiten, allerdings tauchen immer wieder wunderschöne Bänke mit Tischen auf, die zu einem Picknick einladen.

Wir starten am östlichen Ausgang des Bahnhofs Düsseldorf Flughafen und halten uns vor dem neu gebauten EUREF-Campus links in nördliche Richtung. Es geht auf dem Tiefenbroicher Weg entlang des Flughafenzauns, der sich zu unserer Linken befindet. Nach etwa 450 Metern biegen wir vor einem Spielplatz rechts ab und tauchen in ein Waldstück in der Nähe des **Lichtenbroicher Baggersees** ein, der bald rechts durch die Äste schimmert. An einer Rastmöglichkeit mit Infotafeln zweigen wir links ab und radeln durch den Wald weiter, bis wir wieder auf den Tiefenbroicher Weg stoßen. Dort fahren wir rechts zum Wanderparkplatz an der Kalkumer Schloßallee. Diese Straße müssen wir überqueren, wobei wir sehr vorsichtig sein müssen, da dort oft sehr schnell gefahren wird. Wir folgen dem Radweg, der uns bis zur **Anger** führt. Dort überqueren wir das Flüsschen und biegen vor dem Spielplatz An der Anger rechts ab. Links von uns erhebt sich der Wald, rechts dehnen sich Felder bis zur A 52 aus, von der Autogeräusche herüberwehen.

Es dauert nicht lange und wir werden auf beiden Seiten von Wald umschlossen. Wir

Kilometer: 40,3
Höhenmeter: 70
Stunden: 4
RUNDTOUR

Der **Überanger Mark Hinkesforst** ist einer von 75 Naturwaldzellen in Nordrhein-Westfalen und umfasst 13,6 Hektar. Seit 1971 bleibt ein Baum, der hier fällt, einfach liegen. Der entstehende Urwald kann auf Wander- und Radwegen erkundet werden.

nähern uns noch einmal kurz der Autobahn, biegen dann aber links ab und tauchen ein in die lebendige Ruhe des Waldes. Es ist immer wieder überraschend, dass es so nah an der Stadt einen so großen und schönen Wald gibt. Je weiter man sich in diesen Wald begibt, desto deutlicher bemerkt man, dass hier irgendetwas anders ist: Wir befinden uns in einer sogenannten **Naturwaldzelle,** einem besonders geschützten Gebiet, dem Naturschutzgebiet **1 Überanger Mark Hinkesforst.** Hier bleibt die Natur weitestgehend sich selbst überlassen. Totholz wird nicht entfernt, sondern trägt zur Biodiversität und Artenvielfalt bei. Wir erleben einen seltenen Eichen-Hainbuchen-Wald, in dem man auch teilweise Flatterulmen finden kann. Dabei haben wir Düsseldorf bereits verlassen und befinden uns in der Gemarkung der Stadt Ratingen.

Wir genießen die Fahrt durch den Wald und halten uns weiter in nördliche Richtung, bis wir auf einen

Waldkrokodil

Asphaltweg stoßen und rechts in ihn einschwenken. Wenig später bei einem Anwesen biegen wir halb links ab und erreichen bald den Spielplatz Hinkesforst, wo wir uns erneut nach links wenden. Rechts von uns plätschert der Hinkesforstgraben, ein kleines klares Bächlein. Wir radeln weiter durch den Wald, bis wir zur Landstraße L 139, der Lintorfer Waldstraße, gelangen. Dort biegen wir rechts ab und fahren 400 Meter auf dem Radweg, bis wir zum Langelterweg kommen, in den wir links einbiegen. Wir befinden uns nun in dem Waldstück **Rahmer Benden,** welches schon zur Stadt Duisburg gehört. Die Strecke führt immer geradeaus durch angenehmen Wald. Nach einiger Zeit überqueren wir die A 524 und etwas später den Neuensbaumweg. Manchmal begegnen wir unterwegs auch **Krokodilen,** die sich geschickt im Unterholz verstecken.

Für die Seele

Eintauchen in die Ruhe des Waldes, in die Blütenpracht eines Schlossparks und ins kühle Freibad.

Dann kreuzen wir den Druchter Weg und stoßen an der nächsten Verzweigung auf einen **❷ Grenzstein.** Dieser wurde vom örtlichen Bürgerverein neu aufgestellt, um auf diese über 230 Jahre alte Kreuzung hinzuweisen. Auch hier fahren wir weiter geradeaus und merken, dass es langsam etwas belebter wird. Wir nähern uns einem beliebten Naherholungsgebiet der Stadt Duisburg, der **Sechs-Seen-Platte.** An dem Weg mit dem netten Namen **Zum Verschwiegenen Zoll** biegen wir links ab und können links schon den **Haubachsee** sehen. Hier lohnt ein kleiner Stopp, um an einem Holzhäuschen einen Blick auf die Vogelwelt des Sees zu werfen. Bei der Weiterfahrt queren wir den Wambach und kommen zu einem Radweg, der uns links zur **❸ Gelben Brücke** über den Durchstich zwischen Wolfsee und Masurensee führt.

Bei schönem Wetter und guten Windverhältnissen gleiten viele Segelboote über die Seen. Falls wir gerade keine Möglichkeit haben, das Stand-up-Paddling zu testen, weil wir mit dem Fahrrad unterwegs sind, sollten wir aber auf jeden Fall an der ④ **Imbissbude** am Eingang des **Freibades** eine Pause einlegen und die legendären Pommes probieren. An heißen Tagen bietet sich auch ein Besuch des Freibades am Wolfsee an.

Unser Weg führt weiter zwischen **Wambachsee** und **Böllertsee.** Nachdem wir den Dickelsbach überquert haben, biegen wir links ab in den Weg Im Dickelsbachgrund und fahren nun wieder zurück mit südlicher Hauptrichtung. Direkt an unserer Route befindet sich der Landeplatz der **Rettungshubschrauber** des BG Unfallklinikums Duisburg. Wenn diese landen, kann es schon mal für kurze Zeit sehr laut und windig werden. Hinter dem Klinikum machen wir noch eine kleinen Links-rechts-Schlenker, um auf den schönen Weg entlang des **Wildförstersees** zu gelangen. An dessen letztem Zipfel halten wir uns zweimal rechts, stoßen wieder auf Im Dickelsbachgrund und folgen dem Weg nach links bis zur Saarner Straße. An ihr zweigen

Niedermoor

Schloss Heltorf

wir links ab, um direkt bei der nächsten Möglichkeit rechts in den Grindbruchsweg einzubiegen. Wir fahren nun durch das **5 kleine Moor des Naturschutzgebiets Rahmer Benden,** eine der schönsten Passagen der Tour. In Jahren mit normalem Regenfall kann man hier wunderschöne stimmungsvolle Fotos machen. Das macht Lust auf mehr!

Wir fahren bis zum Neuenbaumsweg, in den wir rechts einbiegen und den wir bis zur Fichtenstraße durchfahren, der wir nach links folgen. Erneut überqueren wir die A 524 und halten uns weiter südlich, bis wir das Ende des Waldes an der Angermunder Straße erreichen, in die wir rechts einbiegen. Nach etwa 100 Metern zweigen wir an der Weggabelung links in den Weg Am Rahmer Bach ab. Wir queren den Rahmer Bach und schwenken 300 Meter weiter links in den Grünen Weg ein. Bald passieren wir eine **Rosenzüchterei** und der Name des Wegs ändert sich in Goldackerweg.

Am Kalkweg biegen wir rechts ab und fahren über die Eisenbahngleise. Es geht jetzt mitten durch die

*Seit 1993 wird in den **Rahmer Benden** das Niedermoor wiederhergestellt. Es ist ein wildromantisches Kleinod, in dem es fast zu jeder Jahreszeit summt, brummt, zwitschert, blüht und duftet.*

Felder und wir folgen der Beschilderung der **Nieder-Rheinroute Ost.** So nähern wir uns unserem nächsten Ziel, dem ❻ **Schloss Heltorf.** Dieses Schloss befindet sich in Privatbesitz und kann leider nur von außen besichtigt werden. Allerdings gibt es die Möglichkeit, den ❼ **Schlosspark** zu besuchen. Ein Besuch lohnt sich besonders im Mai, wenn das Rhododendronparadies in voller Blüte steht. Auch der alte Baumbestand ist sehr beeindruckend. Dazu fahren wir die Heltorfer Schloßallee nach Süden und biegen dann rechts in die Straße Am Burgacker ab, die uns zu einem Kreisel führt. Wir halten uns schon vor ihm rechts und können etwa 100 Meter weiter erneut nach rechts zum westlichen Parkeingang rollen.

In dem ausgedehnten Park bieten sich die verschiedensten Wege zur Erkundung an. Anschließend fahren wir vom westlichen Tor zurück zur Heltorfer Schloßallee, schwenken nach rechts in sie ein und radeln über den Rahmer Kirchweg weiter durch offene Landschaft. Kurz vor der Schnellstraße B 8 machen wir eine scharfe Rechtskurve und fahren bis kurz vor den Ortseingang von **Angermund.** Dort biegen wir rechts in einen Feldweg und radeln zum **Schmitzsee,** dem kleinen Angermunder Baggersee. Diesen umfahren wir, den See zu unserer Linken, bis wir an der Viehstraße auf den **EUROGA-Radweg Ost** stoßen. Der Weg geht hier links bis zur Weggabelung weiter, wo wir rechts in die Lünen'sche Gasse einbiegen. Hier überqueren wir noch mal die Eisenbahngleise und fahren bis zum Waldrand. An der kleinen Brücke biegen wir nach rechts in die Straße An der Anger und radeln diese immer weiter bis zur Kalkumer Schloßallee.

Hier sind wir wieder ganz in der Nähe des Flughafens angekommen, stoßen auf den Weg, den wir ganz am Anfang schon gefahren sind, und radeln am Zaun entlang zum Bahnhof Düsseldorf Flughafen, wo unsere Tour endet.

Schlosspark

Duisburg
Rhein
Buchholz
Wedau
Kalkweg
Masurensee
Bissingheim
Wambachsee
Böllertsee
Wolfssee
Oembergmoor und Wambachtal
Masurenallee
Bissingheimer Wäldchen
Wambach
Großenbaumer Allee
Sechs-Seen-Platte
Angerhausen
Im Dickelsbachgrund
Wolfsberg
Wildförstersee
Haubachsee
Entenfang
Alter Angerbach
Saarner Straße
Huckingen
Haubach
Großenbaum
Druchter Weg
59
3
Grindsbruchweg
Großenbaumer See
Angermunder Straße
Dickelsbach
Lintorfer Mark
Ungelsheim
Fichtenstraße
Neuenbaumsweg
Rahmer See
Grindsmark
288
Angerbach
524
Rahm
Langelterweg
Rahmer Straße
Rahmer Bach
Rahmer Benden
Kalkumer Straße
Kalkweg
Eichförstchen
Lintorf
Heltorfer Schloßallee
L 139
Hinkesforstgraben
Überanger Mark – Hinkesforst
Angermund
8
Wittlaer
Gerichtsschreiberweg
Angermunder See
Schmitzsee
Lünen'sche Gasse
An der Anger
Tiefenbroich
52
Kalkumer Schloßallee
Rhein
Angerbach
Kalkum
Kaiserswerth
Tiefenbroicher Weg
Kittelbach
Lichtenbroicher Baggersee
Ratingen
P
44
Düsseldorf
Lichtenbroich

ALLES AUF EINEN BLICK

Entspannung ●●●●●
Abenteuer ●●●●○
Vielfalt ●●●●○

WIE & WANN

Wald- und Feldwege, kaum Autoverkehr. Beste Zeit: April bis Oktober. Besonders zur Rhododendronblüte zu empfehlen.

HIN & WEG

Auto: Q-Park Flughafen Bahnhof, Ahrensplatz, 40472 Düsseldorf (Lohausen)
ÖPNV: Bahnhof Düsseldorf Flughafen

ESSEN & ENTSPANNEN

4 **Imbissbude am Hotspot Beach,** Kalkweg 262, 47279 Duisburg (Wedau), Tel. (01 78) 4 12 42 14, www.hotspotbeach.de

ENTDECKEN & ERLEBEN

1 **Überanger Mark Hinkesforst**
2 **Grenzstein**
3 **Gelbe Brücke**
5 **Kleines Moor Naturschutzgebiet Rahmer Benden**
6 **Schloss Heltorf**
7 **Schlosspark,** www.forst-graf-spee.de/schlosspark-heltorf

Schäl Sick

Niederrhein vom Feinsten

Diese Tour zeigt uns Schönheiten der linken Rheinseite. Wir fahren am Rhein entlang bis Heerdt, besuchen das Ökotop Heerdt, bestaunen das alte Gut Dyckhof und entdecken das Bürgerwäldchen am Hülsenbusch. Durch den Meerbuscher Wald geht es bis zur Ilvericher Altrheinschleife. Vorbei an der Niederrhein- oder Flughafenbrücke radeln wir gemütlich über den Deich am Löricker Freibad zurück bis nach Oberkassel. Der Weg führt uns auf die sogenannte **Schäl Sick,** die linke Rheinseite von Düsseldorf. Als es noch keine Eisenbahnen und Autos gab, wurden die Güter und Lasten mit Schiffen von Pferden am Rheinufer entlanggetreidelt. Den Ausdruck gibt es auch in Köln. Da die Stadt auf der linken Rheinseite liegt, ist dort dementsprechend die rechte Rheinseite die Schäl Sick.

*Der Ausdruck **Schäl Sick,** die blinde Seite, stammt aus der Zeit der Treidelschifffahrt. Damit die Treidelpferde nicht vor dem Fluss scheuten, wurden die Augen auf der Flussseite mit Augenklappen verdeckt. Die Pferde waren auf dieser Seite „schäl".*

Unsere Tour beginnt an der Düsseldorfer Jugendherberge. Wir fahren unter die Rheinkniebrücke, biegen nach rechts auf den Radweg und radeln flussaufwärts in Richtung Heerdt. Der Radweg führt uns durch die Rheinwiesen, an denen wir oft Schafherden beim Grasen beobachten können. Auf der anderen Rheinseite liegt das große Kraftwerk an der Lausward. Auf der rechten Seite des Radwegs begleiten uns zunächst die Ausläufer des **Rheinalleetunnels.** Hinter einem Sportplatz biegen wir vor dem Heerdter Krankenhaus rechts in einen kleinen Park und verlassen den Rhein.

Kilometer: 31,5
Höhenmeter: 60
Stunden: 3
RUNDTOUR

Schon von Weitem ist das **1 Reißverschlusshaus** als sehr markante Landmarke zu sehen. An dieser Stelle überqueren wir an der Kreu-

Reißverschlusshaus

zung die Pariser Straße und fahren weiter geradeaus auf dem Heerdter Lohweg über die Brücke der autobahnähnlichen B7, der Brüsseler Straße, hinweg. Vor dem Abzweig Viersener Straße überqueren wir den Heerdter Lohweg und radeln links vorbei am gläsernen Rundbau in den Park am **Albertussee.** Der Radweg ist dort noch nicht bis zur Straße fertiggestellt, man kann ihn aber schon gut benutzen. Entspannt rollen wir leicht bergab und sehen links den kleinen Albertussee, der von Düsseldorfern kaum beachtet wird und, vielleicht deshalb, ein idyllisches Plätzchen für die erste kleine Pause ist. Am Ende des Parks fahren wir nach rechts in die Schiessstraße und biegen nach wenigen Metern vor einem Supermarkt links in einen Radweg ein. Hier heißt es aufpassen, denn der Weg liegt etwas versteckt und ist nicht auf den ersten Blick zu erkennen, da der Zaun eines Gewerbeparkplatzes ihn verdeckt.

Wir fahren nun geradeaus über den, soweit bekannt, einzigen Radweg in Düsseldorf, der über eine ehemalige Bahntrasse verläuft. Die Trasse führt uns mitten durch den Friedhof Heerdt. Wir überqueren die Krefelder Straße und folgen weiter dem Radweg,

*Das **Ökotop Heerdt** ist 1972 aus einer Spielplatzinitiative entstanden. Heute engagiert sich der gleichnamige Verein erfolgreich im Bereich Landschafts- und Umweltschutz. Für die vielfältigen Projekte gab es viele Umweltpreise.*

bis wir an eine Unterführung unter die B7 kommen. Unmittelbar davor verlassen wir den Radweg mit einer scharfen Rechtskurve. Wir fahren ein paar Meter über die Büttgenbachstraße und plötzlich sind wir mitten im **❷ Ökotop Heerdt.** Im Ökotop lohnt es sich, den Drahtesel eine Weile abzustellen und das Gelände mit einem kleinen Spaziergang zu erkunden oder sogar an einer Führung teilzunehmen.

Für die Seele

Eine Tour, die alles kann: Feierabend mit Freunden, Sightseeing und frische Luft schnappen.

Es ist sehr spannend zu sehen, wie vielfältig und abwechslungsreich die Natur sich entwickeln kann. Im Ökotop gibt es verschiedene Beispiele für Kräutergärten oder Informationen, wie man Obstbaumwiesen anlegt. Auch das Thema ökologisches Bauen wird dort sehr plastisch am Beispiel eines Lehmhauses erklärt.

Nach diesem lehrreichen und inspirierenden Spaziergang verlassen wir das Ökotop und fahren auf der Böhlerstraße ein kurzes Stück nach links bis zur Neusser Straße. Diese fahren wir rechts entlang und biegen nach etwa 250 Metern wieder links ab in den Laacher Weg, dem wir bis zu seinem Ende folgen. Zwischendurch passieren wir an der Ecke Römerstraße das **❸ Eiscafé De Bona.** Dort gibt es für eine kleine Pause eine große Terrasse und köstliches Eis. Wir fahren den Laacher Weg weiter durch ein ruhiges Wohngebiet. Unser nächstes Ziel, das Gut Dyckhof, ist hier bereits ausgeschildert. Am Ende des Laacher Wegs werden wir durch einen kurzen Rechtsschlenker geführt, um dann direkt wieder links in die Lötterfelder Straße abzubiegen. Zügig erreichen wir die schöne Allee Am Dyckhof, die uns nach rechts direkt zu dem alten Gut führt. Der **❹ Dyckhof** wurde zunächst als Wasserburg errichtet. Im 17. Jahrhundert wurde die Burg zu einem Herrenhaus mit barocken Stilelementen umgebaut, wobei der runde Turm für die Architektur des Rheinlandes eher untypisch ist. Das denkmalgeschützte Gebäude wird heute als Hotel und gern als Kulisse für

Hochzeiten genutzt. Für Radtouristen gibt es eine einladende Terrasse mit Kaffee aus eigener Röstung.

Wir verlassen das Gut Dyckhof in nördliche Richtung und erreichen die Weggabelung an der Niederdonker Straße. Dort biegen wir links in die Straße Am Eisenbrand ab und radeln weiter auf dem Hülsenbuschweg. Zu unserer Rechten fließt nun der **Stingesbach** in einer lang gezogenen Kurve. Er ist eingerahmt von großen alten Bäumen, die dem Gebiet etwas Urwüchsiges geben. Mit einer Portion Glück begegnet uns ein Reh in unmittelbarer Nähe. Für ein gutes Foto sind die Tiere allerdings meist viel zu schnell davongesprungen. Hier kommen wir nun zu einem weiteren Highlight unserer Tour: die ⑤ **Bürgerwäldchen der Stadt Meerbusch.** Angefangen hat diese Meerbuscher Erfolgsgeschichte mit Pflanzungen von Obstbäumen im Ortsteil Lank. Bis 2009 wurden allein dort über 600 Obstbäume gepflanzt, die von der Bevölkerung gespendet wurden. Beim fünften Bürgerwäldchen, an dem wir hier vorbeifahren, wurden über 500 heimische Laubbäume gesetzt. Dieses Bürgerwäldchen ist eine Mischung aus Rotbuchen, Ei-

In Meerbusch hat die Stadt ihren Bürgern die Gelegenheit gegeben, bei Geburt, Hochzeit oder Jubiläum einen Baum zu pflanzen. Es gibt mittlerweile fünf ***Bürgerwäldchen.*** *Feiern und Pflanzen, das Projekt wächst und wächst.*

chen, Vogelkirschen und Hainbuchen. Mittlerweile hat auch die Autorin hier ihren Baum, an dem die Route nun vorbeiführt.

Dieses Waldstück und das Bürgerwäldchen sind eine willkommene Abwechslung zu der ansonsten landwirtschaftlich geprägten Gegend. Am See **Sangsheide** biegen wir nach rechts ab in den Weg An der Lauvenburg. Wir queren die Gleise und biegen am Gestüt Lauvenburg wieder nach rechts ab in die Broicherseite. Wenig später queren wir die Gleise ein zweites Mal und passieren bald den Knotenpunkt (KP) 21. Hier radeln wir auf guten Wegen entspannt durch die Niederrheinlandschaft und erreichen auf Höhe des **Linnertzsees** den Hofladen des Bauern Berrisch, in dem wir bei Bedarf Obst und Gemüse einkaufen können.

Hinter dem See biegen wir rechts ab in den **Meerbuscher Wald** und halten uns nach etwa 200 Metern links. In nordöstliche Richtung radeln wir nun durch den

Stingesbach

Wald, bis wir zur großen Meerbuscher Straße kommen. Dort biegen wir links ab und fahren bis zum **KP 13.** Kurz vor dem Ortseingang zweigen wir nach rechts ab zum **KP 14** und fahren auf dem **Mönkesweg** in Richtung Meerbusch-Strümp. Vor dem Ortseingang Strümp biegen wir gegenüber der Zufahrt zum Städtischen Gymnasium nach rechts in einen mit Rindenmulch ausgelegten Weg. Über den etwas holprigen Weg geht es ein kurzes Stück bis zur Buschstraße, die wir kreuzen, um dann auf der Forststraße weiterzufahren. Wir überqueren die große Kreuzung an der Xantener Straße und radeln weiter über die Straße Bergfeld. An einem Wanderparkplatz biegen wir nach rechts und sehen den Wanderweg, der links beginnt. Ein kurzes Stück sollte man hier schieben, da es sich um einen Fußweg handelt. Allerdings ist dieses Wegstück landschaftlich so schön, dass sich die kleine Radelpause durchaus lohnt. Vor allem sollte man den Blick durch die Büsche auf die rechts liegenden Wiesen, die **6 Meerbenden,** lenken: Im Frühjahr kann man dort die ersten Störche sehen. Am Ende dieses schönen Wegs sitzen wir wieder auf und fahren gera-

Strandbad Lörick

deaus weiter in den **Kringsgraben,** der nun durch die **Ilvericher Altrheinschlinge** zum Rhein führt.

Wer partout nicht aus dem Sattel möchte, fährt die Straße Bergfeld ein kurzes Stück weiter und biegt erst bei der folgenden Gelegenheit rechts ab, um dann links in den Kringsgraben abzuzweigen, der ab dort für den Radverkehr freigegeben ist. Wir folgen dem Rad- und Fußweg und fahren entlang des kleinen Baches. Die Ilvericher Altrheinschlinge ist ein bei Wanderern und Radfahrern beliebtes FFH-Naturschutzgebiet. Die Schlinge war früher ein Überschwemmungsgebiet bei Hochwasser, ist jedoch seit vielen Jahren durch den Deich vom Rhein getrennt. Aber auch heute leben dort viele geschützte Vogelarten. Für Insekten und Amphibien ist dies ebenfalls ein wichtiger Schutzraum.

Am Hochwasserdenkmal biegen wir nach rechts ab und fahren in Richtung ❼ **Niederrhein- oder Flughafenbrücke** auf den **Rheindeich.** Die Pylone dieser Brücke sind im Gegensatz zu allen anderen Rheinbrücken in Düsseldorf oben flach. Dies ist keine ästhetische Absicht, sondern erfolgte aus Sicherheitsgründen, da diese Brücke in unmittelbarer Nähe zum Flughafen liegt. Wir radeln nun immer stromaufwärts in südliche Richtung über den Rheindeich. Sehr zu empfehlen ist ein Besuch des ❽ **Restaurants & Cafés Graf Spee** am Yachthafen. Man kann auf der Terrasse einen Blick auf die Schiffe werfen und dabei die gastfreundliche Atmosphäre genießen. Es gibt aber auch die Möglichkeit, etwas weiter zu radeln und im Sommer das ❾ **Strandbad Lörick** zu besuchen. Nach einer Radtour ist der Sprung ins frische Nass besonders reizvoll.

*Das **Strandbad Lörick** ist wegen seiner großen Wiesen und Liegeflächen sehr beliebt. Große Bäume spenden auch an heißen Tagen viel Schatten.*

Auf dem **Rheindamm** geht es wieder in die Stadt zurück. Wir unterqueren die Theodor-Heuss-Brücke und die Oberkasseler Brücke. Das letzte Stück werden wir neben dem Kaiser-Wilhelm-Ring über den Fahrradweg zu unserem Ausgangspunkt bei der Jugendherberge an der Rheinkniebrücke geleitet, wo unsere heutige Tour endet.

Düsseldorf
Ilverich
Strümp
Bergfeld
Xantener Straße
Forststraße
Lohausen
Ilvericher Altrheinschlinge
In der Issel
Ilvericher Bruch
Isseldyk
Mühlenbach
Osterath
Mönkesweg
Moerser Straße
Meerbuscher Straße
Bovert
Stockum
Meerbusch
Büdericher Wald
Necklenbroich
Golzheim
Rhein
Broicherseite
Stingesbach
Büderich
Theodor-Heuss-Brücke
Niederdonk
Neusser Straße
Hülsenbuschweg
Lörick
Schiessstraße
Hansaallee
Niederkassel
Pempelfort
Laacher Weg
Brüsseler Straße
An der Lauvenburg
L 392
Luegallee
Oberkasseler Brücke
Heerdt
Oberkassel
Kaarst
Vogelsang
Rheinalleetunnel
Altstadt
Rheinkniebrücke
Carlstadt

ALLES AUF EINEN BLICK

Entspannung ●●●●●
Abenteuer ●●●○○
Vielfalt ●●●●○

WIE & WANN

Meist asphaltierte Radwege und Waldwege, ein paar wenig befahrene Straßen. Ganzjährig möglich, besonders schön im Frühjahr, wenn die Störche ziehen, sowie im Sommer, wenn sich ein Freibadbesuch anbietet.

HIN & WEG

Auto: Parkplatz an der Jugendherberge Düsseldorf, Düsseldorfer Straße 1, 40545 Düsseldorf (Oberkassel)
ÖPNV: Haltestelle Luegplatz, die Tour beginnt und endet dann hier

ESSEN & ENTSPANNEN

3 **Eiscafé De Bona,** Laacher Weg 50, 40667 Meerbusch (Büderich), Tel. (0 15 23) 8 94 64 85, www.eiscafedebona.de
4 **Gut Dyckhof Hotel & Restaurant,** Am Dyckhof 3, 40667 Meerbusch (Büderich), Tel. (0 21 32) 97 77, www.gutdyckhof.com
8 **Restaurant & Café Graf Spee** am Yachthafen Lörick, Niederkasseler Deich 299, 40547 Düsseldorf (Lörick), Tel. (02 11) 52 02 86 13, www.ycgs.de/gastronomie

ENTDECKEN & ERLEBEN

1 **Reißverschlusshaus**
2 **Ökotop Heerdt,** Am Ökotop 70, 40549 Düsseldorf (Heerdt), Tel. (02 11) 50 13 12, www.oekotop.de
5 **Bürgerwäldchen Meerbusch**
6 **Meerbenden**
7 **Niederrhein- oder Flughafenbrücke**
9 **Strandbad Lörick,** Niederkasseler Deich 285, 40547 Düsseldorf (Lörick), Tel. (02 11) 95 74 59 00, www.baeder-duesseldorf.de/baeder/freibaeder/strandbad-loerick

Kunst und Natur

Insel Hombroich und die Erftauen

Diese Tour gehört wegen ihrer gelungenen Kombination aus grünen Radwegen an Bächen entlang, der abwechslungsreichen Natur und dem Besuch des Museums Insel Hombroich zu einer der schönsten Touren des Buches. Wir starten in Düsseldorf-Hamm am gleichnamigen S-Bahnhof. Der Stadtteil Hamm ist zwar zentral in unmittelbarer Nähe zum bekannten Medienhafen gelegen, hat sich aber einen dörflichen Charakter erhalten. Obwohl noch mitten in Düsseldorf, tauchen wir sofort ins ländliche Ambiente ein und lassen die Hektik der Großstadt hinter uns.

Über **Auf den Kuhlen** geht es Richtung Rhein und hinauf auf den Deich. Auf ihm biegen wir links ab und fahren stromaufwärts auf Am Sandacker in südliche Richtung. Nach wenigen Metern, am Ende des Deichs, zweigen wir rechts ab und rollen durch den alten Ortskern von Hamm. Am **Knotenpunkt (KP) 16** fahren wir geradeaus in die Straße Auf den Steinen. Diese führt uns wieder zum Rhein, und wir radeln bis zur Rheinbrücke. Dort nehmen wir am **KP 70** die Auffahrt auf die Josef-Kardinal-Frings-Brücke, die häufig auch **Südbrücke** genannt wird.

Noch auf dem Brückenkopf auf der Neusser Seite nutzen wir rechts eine ausgeschilderte Abfahrtsmöglichkeit. Da es unten an der Absperrung etwas steil ist, empfiehlt es sich, hier abzusteigen. Wir fahren unter der Brücke auf den gut asphaltierten Radweg unterhalb des Deichs entlang einer schönen **Kastanienallee.** Am Ende der Allee entdecken wir eine Skulptur, die den Anfang der Nordka-

Kilometer: 39,4
Höhenmeter: 60
Stunden: 4,5
RUNDTOUR

nal-Radroute markiert. Das Kunstwerk stellt ein großes N dar, das wahlweise für Napoleon oder für Nordkanal steht. Wir umrunden den Neusser Sporthafen, KP 30, und biegen dann leicht rechts auf die Straße **Grimlinghauserbrücke** ein, die uns zur gleichnamigen Brücke führen wird. Die Leckermäulchen unter uns könnten sich aber zuvor verleiten lassen, am **1 Eiswagen Gelato da Angelo** eine erfrischende Pause einzulegen.

Doch irgendwann auf der Grimlinghauserbrücke angekommen, sollte man sich die Zeit nehmen, einen Blick auf die Erft zu werfen, die munter in den Rhein mündet. Kurz hinter der Brücke nehmen wir rechts die Auffahrt auf den Deich und radeln gemütlich an der Erft entlang. Wir queren die Bonner Straße und bleiben auf dem Erft-Radweg. In den letzten Jahren wurde hier auf einigen 100 Metern die **Erft** renaturiert. Der Fluss mäandert jetzt wieder durch die Wiesen, bildet eine **2 Auenlandschaft** und bietet Lebensraum für Pflanzen und Tiere. Auch für uns Menschen ist der Anblick der plätschernden Erft entspannend und wohltuend.

Renaturierte Erftaue

Am **KP 73** biegen wir links ab und begleiten für die nächsten Kilometer den kleinen **Norfbach.** Wir radeln unter der A 57 durch und folgen dem Bachlauf weiter durchs Grüne. Dieser Radweg ist noch relativ unbekannt, daher kann man hier in aller Ruhe den Weg und die Natur genießen. Kurz vor den Gleisen einer Bahnlinie macht der Weg einen Schwenk nach links, wo wir in einer Unterführung die Bahnstrecke queren und ein kurzes Stück neben der Vellbrüggener Straße geleitet werden. Dann führt uns der Radweg automatisch wieder zum Norfbach. Hier finden wir ein schönes Detail unserer Tour, den ❸ **Ludwig-Soumagne-Weg** mit einigen Infotafeln. Wem der Neusser Dialekt schwerfällt, sollte diese einfach mal laut vorlesen und dem Klang des Dialekts nachspüren. Das macht nicht nur Spaß, so versteht man auch den Inhalt leichter.

Für die Seele

Gemütlich radeln wir an Flüssen entlang, besuchen das Museum Insel Hombroich und genießen im Park einen Kaffee.

Auf 17 Tafeln entlang des Norfbachs kann man auf dem ***Ludwig-Soumagne-Weg*** *Kostproben des Neusser Mundartdichters Ludwig Soumagne lesen. Er lebte von 1927 bis 2003 und gehört zu den prominenten Vertretern der neuen deutschen Dialektdichtung.*

An der Norfer Kirchstraße kommen wir an eine Mauer, die den **Müggenburgpark** umrundet. Falls wir mittlerweile Hunger verspüren, können wir den bei einem Abstecher zum kleinen Imbiss ❹ **Alekos Grill** stillen, den wir nach wenigen Meter rechts auf der Norfer Kirchstraße erreichen. Die Salate sind selbst gemacht und schmecken großartig. Ob mit oder ohne Pause, weiter geht es durch das Tor in den Park, wo wir uns rechts vom Teich halten. Eine sehr alte, wunderschöne **Blutbuche,** die von einem Weidezaun umgeben ist, lädt dazu ein, eine kurze Pause auf den Bänken zu machen und sich an dem Baum zu erfreuen. Alte Bäume in Parks sind oft wunderschön und ihr Anblick eine Freude für die Menschen. Allerdings gibt es ab einem bestimmten Alter auch die Gefahr, dass Äste bei starkem Wind herabfallen können. Oft werden die Bäume dann aus Verkehrssicherungsgründen gefällt. Ein einfacher Weidezaun wie bei dieser Buche kann den Baum retten.

Wir verlassen den Park durch ein unscheinbares Tor und rollen entlang des Norfbachs weiter. Dabei kommen wir an Sportplätzen vorbei und fahren durch ein Waldstück weiter bis zum **KP 74.** Der Weg führt an Allerheiligen vorbei, einem Neusser Stadtteil. Wir radeln auf dem Radweg weiter Richtung Südwesten, passieren den Neusser Stadtteil Rosellen und kommen dann an die große **Neukirchener Straße.** Dort biegen wir rechts ab und folgen ihr knappe 500 Meter. Einen Fuß- und Reitweg, der rechts in den Wald geht, ignorieren wir und biegen erst dahinter rechts ab in den Rosellerbruch. Hier kommen wir sehr nah an zwei Windrädern vorbei und können mal einen Hörtest machen, wie laut Windanlagen eigentlich sind.

Bei der nächsten Kreuzung hinter den Windrädern biegen wir links ab und radeln immer weiter westwärts durch die Felder Richtung **Speck.** Wir überqueren die Specker Straße und fahren gegenüber in die Wehler Dorfstraße. In einer lang gezogenen Linkskurve zweigen wir rechts in die Straße **Im Rott** ab. Wir überqueren den Gillbach, biegen direkt dahinter links ab und radeln durch den Dyker Broich zu unserem nächsten Highlight, dem mehr als 100 Jahre alten **❺ Strategischen Bahndamm,** der zunächst für militärische Zwecke das Rheinland mit Südwestdeutschland verbinden und dann dem Transport von Braunkohle ins Rheinland dienen sollte. Allerdings wurde nur die Trasse fertiggestellt und nie ein Gleis verlegt. Folglich wurde er nie in Betrieb genommen.

*Der **Strategische Bahndamm** verläuft über 13 Kilometer von Rommerskirchen bis zum Museum Insel Hombroich und ist seit 2021 für den Rad- und Fußverkehr neu konzipiert worden. Er dient seitdem als Biotopverbund der Erhaltung der Biodiversität.*

Vor dem Bahndamm schlenkern wir nach links zu einer Rampe, die auf ihn hinaufführt. Oben an der Rampe geht es rechts weiter. Dieser Bahndamm ist wahrhaft ein Juwel der Naherholung. Auf ihm können wir nun radelnd die Strecke genießen und mit einem Blick zur Seite wie aus einem Zugfenster unterschiedliche Landschaften bestaunen. Der Bahndamm endet an der Erft, die wir überqueren. In dem kleinen Örtchen **Minkel** biegen wir nach links ab und fahren durch eine kleine Wohnstraße bis zum linker Hand leicht erhöht liegenden Eingang des **❻ Museums Insel Hom-**

*Das Museum Insel Hombroich ist eine gelungene Symbiose von Natur, Architektur und Kunst. Zu empfehlen ist die **Cafeteria** mitten im Park. Das einfache, sehr beliebte und regionale Büfett ist im Preis inbegriffen.*

broich mit **Cafeteria.** Es ist wohltuend, durch die schönen Grünanlagen zu schlendern und die Kunst und die Architektur der Anlage zu bewundern. Die Gebäude im Gelände wurden von dem an der Düsseldorfer Kunstakademie lehrenden Künstler Erwin Heerich (1922–2004) entworfen. Sie prägen den architektonischen Charakter des weitläufigen Museumsgeländes, für das man ausreichend Zeit einplanen sollte, das aber auch einen eigenen Ausflug wert ist.

Es lohnt sich, ein Kombiticket für das Museum Insel Hombroich und die **7 Raketenstation** zu kaufen, da unsere Tour auch dort vorbeiführt. Dazu radeln wir links zur Landstraße L 201, auf die wir ebenfalls nach links abbiegen. Bei der nächsten Abzweigung fahren wir an den großen Findlingen rechts ab in den Berger Weg. Wir queren die Bahngleise und gelangen geradeaus vorbei am Kirkeby-Feld zur Thomas Schütte Stiftung und zur Raketenstation der Langen Foundati-

Museum Insel Hombroich

Raketenstation Hombroich

on. Die Raketenstation wurde nach dem Krieg vom belgischen Militär zu Übungszwecken genutzt. Das Gelände wurde dann von der Sammlerin Marianne Langen erworben, die dort das Ausstellungsgebäude nach einem Entwurf des 1941 geborenen, japanischen Architekten Tadao Ando erbauen ließ, dessen Credo „Man leiht sich den Ort, an dem man baut, von der Natur aus“ in der minimalistischen Ausführung seiner Gebäude deutlich wird.

Nach diesem kulturellen Intermezzo fahren wir wieder weiter auf unserer Tour. Zwischen der Skulpturenhalle und dem Gelände der Raketenstation wenden wir uns nach rechts und rollen durch die Felder bergab Richtung **Holzheim.** Links kann man am Ende der Felder die Skihalle Neuss sehen. Wir biegen aber die nächste Möglichkeit nach rechts ab und rollen weiter leicht bergab in Richtung Erft. Der Roisdorfer Weg führt uns über die Bahngleise und an die L 201. Dort biegen wir links ab und fahren entlang dieser Landstraße bis zur nächsten Abzweigung nach rechts in eine kleine Straße mit dem lustigen Namen Olympiasiegerstraße. Ob hier tatsächlich Olympiasieger wohnen? Wir rollen abwärts und biegen noch mal rechts ab und gelangen dann wieder auf den Erft-Radweg.

Wir überqueren die **Erft** über eine alte Eisenfachwerkbrücke und radeln Richtung Helpenstein zum **KP 93.** Dort biegen wir links ab und fahren zwischen den Feldern weiter. Vor der B 477, der Bergheimer Straße, führt unser Weg wieder links in Richtung Erft. Wir überqueren den Fluss und kommen geradewegs zum **8 Kloster Eppinghoven** am KP 72. Dort geht unser Weg rechts entlang flussabwärts und wir kommen zur Bergheimer Straße, die wir überqueren. Hier rollen wir gemütlich an der Erft entlang. An einem großen Stauwehr vorbei radeln wir über den Burgweg zur Erprather Straße. Auf dieser fahren wir links und sofort wieder über die Erft. Dahinter radeln wir dann rechts weiter am Fluss entlang auf dem gut markierten Erft-Radweg. Wieder geht es über eine Brücke, über die wir auf die Knechtstedener Straße fahren. Bei den ersten Häusern biegen wir links in die Felder ein. Nach etwa 600 Metern erreichen wir die Weckhovener Straße und folgen ihr nach links durch ein kleines Wäldchen Richtung Reuschenberg.

Hinter dem Wäldchen geht es noch einmal rechts und gleich wieder links zur Erft, die wir erneut überqueren. Wir rollen vorbei am Schloss Reuschenberg, das sich in Privatbesitz befindet, und an der Corneliuskapelle zum **Kinderbauernhof der Stadt Neuss.** Es geht weiter an den Feldern mit den Ziegen und Schafen vorbei bis zum Nixhütter Weg, an dem wir uns nach links wenden. Nach etwas mehr als 100 Metern, noch

*Die **Erft** entspringt in der Nähe von Bad Münstereifel und mündet bei Neuss in den Rhein. Der Lauf des Flusses wurde im Zuge des Braunkohleabbaus mehrfach geändert. In der Nähe der Mündung wurde 2022 ein großer Bereich des Flusses renaturiert.*

Kloster Eppinghoven

vor der Brücke über die Obererft, fahren wir in einem Rechts-links-Schlenker an den Fluss und genießen eine sehr schöne Buchenallee, die das Ufer säumt. Bald führt der Weg unter der Autobahnbrücke der A 57 hindurch und wir stoßen auf ein spektakuläres Naturphänomen: Mitten im Reuschenberger Busch taucht plötzlich links das 9 **Groov'sche Loch** auf. Es handelt sich hierbei um ein sehenswertes Feuchtbiotop in einer ehemaligen Sand- und Tongrube der Familie Groov. Kahle Bäume ragen aus dem Wasser und verleihen dem kleinen Auenwald eine verwunschene und mystische Atmosphäre. Das Biotop beheimatet mittlerweile Vögel, Insekten und Amphibien sowie seltene Pflanzenarten. Durch Bewässerung aus der Erft kamen sogar die Fische zurück.

Nach der Betrachtung dieses Naturschauspiels und ein paar eindrucksvollen Fotos fahren wir in nördliche Richtung aus dem Wald bis zu den Eisenbahngleisen, vor denen wir nach rechts schwenken und die wir auf der sehr steilen Eisenbahnbrücke überqueren. Dann rollen wir auf dem Selikumer Weg wieder entspannt an der Obererft entlang. An der **Nordkanalallee** biegen wir ebenso rechts ab wie kurz dahinter am Alexianerplatz. An der nächsten Kreuzung zweigen wir links ab auf den Hammfelddamm und nehmen wenige Meter weiter halb rechts einen Radweg, der uns auf den Scheibendamm führt. Nun wieder durchs Grüne radeln wir unter der B 1 hinweg zum EUROGA-Gelände von 2002. Wir nutzen dort hinter der B 1 den sich links weggabelnden Weg durch den Wald und kommen so wieder auf den Rheindeich, der uns zur Südbrücke zurückführt. Wir überqueren den Rhein und fahren die gleiche Route über die Straße Auf der Böck wieder zurück nach Hamm. Dann nutzen wir die Gelegenheit und radeln über die Hammer Dorfstraße durch den alten Ortskern. An der Kuhstraße biegen wir links ab und kommen so wieder zu unserem Ausgangspunkt.

Groov'sches Loch

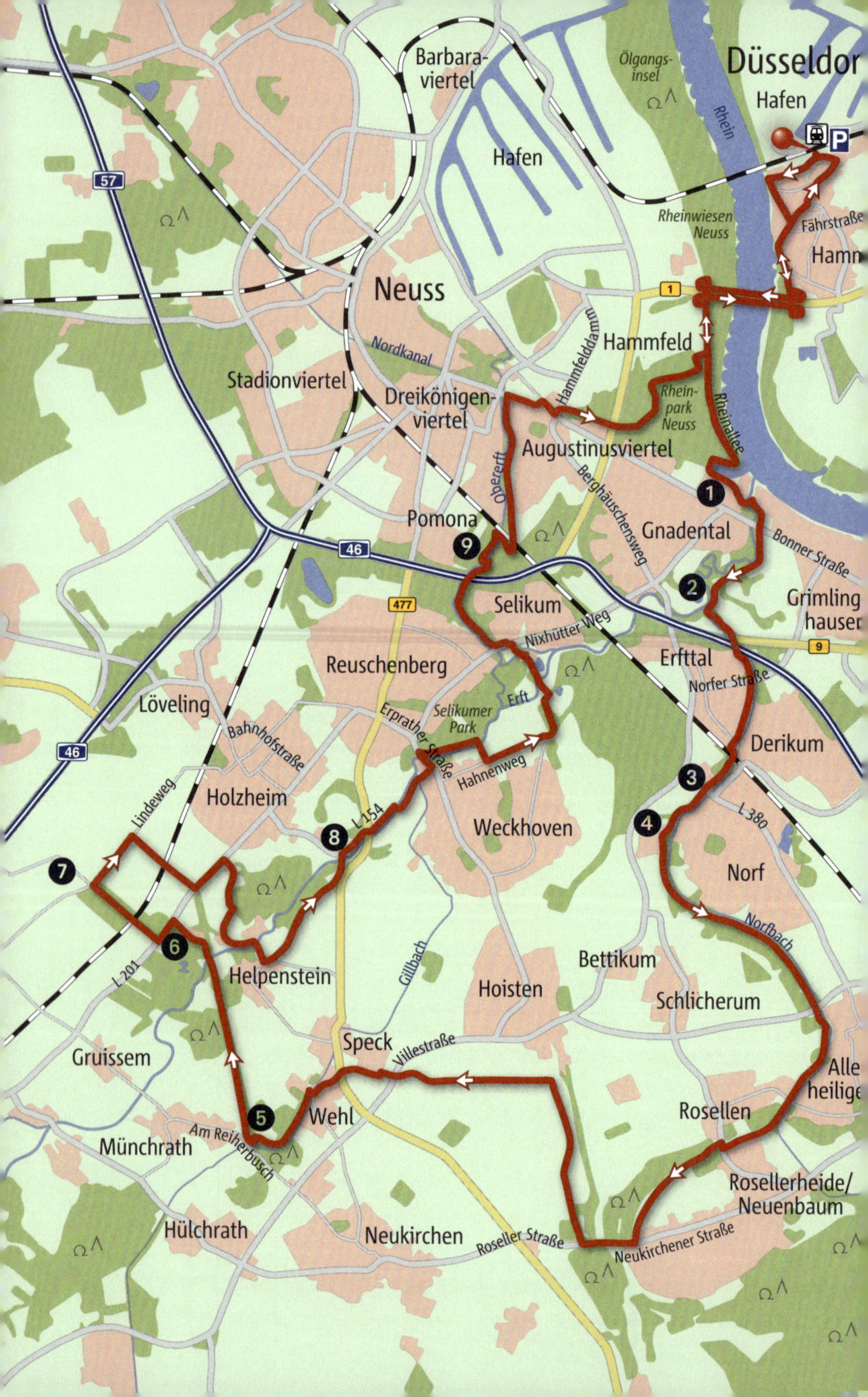

Düsseldor
Hafen
Ölgangs-insel
Rhein
Barbara-viertel
Hafen
Rheinwiesen Neuss
Fährstraße
Hamn
57
Neuss
1
Hammfeld
Hammfelddamm
Nordkanal
Stadionviertel
Dreikönigen-viertel
Rhein-park Neuss
Rheinallee
Augustinusviertel
Berghäuschensweg
Obererft
Gnadental
Pomona
Bonner Straße
46
Selikum
Grimling hauser
477
Nixhütter Weg
9
Reuschenberg
Erfttal
Norfer Straße
Erft
Selikumer Park
Löveling
Erprather Straße
Bahnhofstraße
Derikum
46
Hahnenweg
L 380
Lindeweg
Holzheim
Weckhoven
L 154
Norf
Norfbach
Helpenstein
Bettikum
L 201
Gillbach
Hoisten
Schlicherum
Gruissem
Speck
Villestraße
Alle heilige
Wehl
Rosellen
Münchrath
Am Reiherbusch
Rosellerheide/ Neuenbaum
Hülchrath
Neukirchen
Roseller Straße
Neukirchener Straße

ALLES AUF EINEN BLICK

Entspannung 5/5
Abenteuer 3/5
Vielfalt 4/5

WIE & WANN
Schöne Radwege, wenig Autoverkehr. Beste Zeit: April bis Oktober.

HIN & WEG
Auto: Parkplatz am Bahnhof, Am Kuhtor, 40221 Düsseldorf (Hamm)
ÖPNV: Bahnhof Düsseldorf-Hamm

ESSEN & ENTSPANNEN
1 **Eiswagen Gelato da Angelo** am Neusser Yachthafen, 41468 Neuss (Gnadental)
4 **Alekos Grill,** Norfer Kirchstraße 8, 41469 Neuss (Norf), Tel. (0 21 37) 31 59
6 **Cafeteria,** Museum Insel Hombroich, Minkel 2, 41472 Neuss (Holzheim), Tel. (0 21 82) 8 87 40 00, www.inselhombroich.de/de/besuch

ENTDECKEN & ERLEBEN
2 **Auenlandschaft Erft**
3 **Ludwig-Soumagne-Weg**
5 **Strategischer Bahndamm**
6 **Museum Insel Hombroich,** siehe ESSEN & ENTSPANNEN, www.inselhombroich.de/de/museum
7 **Raketenstation Hombroich,** Raketenstation Hombroich 4, 41472 Neuss (Holzheim), Tel. (0 21 82) 8 87 40 00
8 **Kloster Eppinghoven**
9 **Groov'sches Loch**

Erlebnisturm Höhlenblick

Romantik pur

Im Neandertal

Diese Tour führt uns ins romantische Neandertal, wo die Düssel durch Wald und Wiesen mäandert. Wir kommen zum Neanderthal Museum, zum neu eröffneten Höhlenturm und besuchen die Wisente und Wildpferde im Eiszeitlichen Wildgehege. Die Tour geht vorwiegend über Waldwege, manchmal muss man absteigen und das Rad schieben. Dies ist dann die neue Form des „Radwanderns".

Wir starten am S-Bahnhof Haan-Gruiten und fahren direkt vom Bahnhof aus in den hübschen kleinen **Thunbuschpark.** Am Ende des Parks biegen wir nach links in die Düsselberger Straße und dann in die zweite Straße rechts, die Dörpfeldstraße. An einer Kreuzung mit Ampeln zweigen wir links in die Prälat-Marschall-Straße ab und lassen uns bergab ins malerische **Gruiten-Dorf** mit seinen vielen alten Fachwerkhäusern rollen. Am Ende der Prälat-Marschall-Straße biegen wir links in die **Pastor-Vömel-Straße** und folgen ihr, vorbei an der Kirche St. Nikolaus. Rechts von uns fließt ein Arm der Düssel, die **Kleine Düssel.** Kurz darauf können wir links das alte Pfarrhaus Gruiten von 1764 bewundern. Dann fahren wir ein kleines Stück zurück und biegen nun rechts in die Straße **Am Quall** ein. Der Weg führt uns entlang der Kleinen Düssel zur ersten Erfrischung des Tages: eine liebevoll eingerichtete ❶ **Kneippanlage** im Bachlauf. Natürliche Kühlung ist hier garantiert.

Wir folgen der Kleinen Düssel bis zur Brücke, an der sie in die große Düssel mündet. Unser Weg führt uns durch malerische

Schuhe und Socken ausziehen, los geht es mit dem ***Kneippen.*** *Im Storchengang durch die Düssel: ein Fuß rein, einer draußen. Das Wasser sollte nur bis zum Knie gehen. So schreitet man zum Ende des Steges, Wasser nur abstreifen, Schuhe an und dann bewegen.*

Kilometer: 22

Höhenmeter: 100

Stunden: 2,5

STRECKE

Die **Düssel** ist die Namensgeberin der schönen Stadt am Rhein. Sie entspringt in Wülfrath und fließt durch das romantische Neandertal. In Düsseldorf wird sie dreimal geteilt und fließt nach insgesamt 40 Kilometern in Höhe der Altstadt in den Rhein.

Streuobstwiesen und schöne Wälder. Die Düssel plätschert links von uns. In Heinhausen fahren wir über eine Düsselbrücke und befinden uns nun mitten im **Neandertal.** Wir genießen die landschaftliche Schönheit und rollen entspannt durchs Tal der **Düssel.**

Unser Weg geht entlang von Auenwäldern, an den Stipps-Teichen und dem kleinen Ort Frenzhäuschen vorbei. An einer Weggabelung finden wir den Ehlenbecker Holzthron und fahren in einer scharfen Rechtskurve zurück in Richtung Düssel. Wir radeln über eine Straße, die Bracken heißt, und kommen vorbei an einer kleinen Verkaufsbude von **2 Schauf's Düsselsenf.** Der Senf mit vielen verschiedenen Geschmacksrichtungen ist sehr zu empfehlen und kann gegen kleines Geld dort erworben werden. Wir fahren weiter mit der Düssel auf unserer rechten Seite und freuen uns über diese idyllische und ursprüngliche Flusslandschaft.

Unsere Tour geht dann links hinauf auf dem Winkelsmühler Weg und vorbei am **Wanderparkplatz Winkelsmühle.** Vor einer Gleisanlage der Deutschen Bahn biegen wir nach rechts ab. Bei der nächsten Möglichkeit, noch vor dem S-Bahnhof Hochdahl-Millrath, führt unser Weg nach rechts in den Höhenweg. Knappe 100 Meter weiter an einer T-Kreuzung folgen wir dem Höhenweg nach rechts, der durch die Landschaft mäandert, als wäre er selbst ein Bach. Bald kommen wir zu einem sehr liebevoll eingerichteten Café mit einer stilvollen Terrasse und einem gemütlichen **Biergarten.** Im **❸ Café Op dem Kamp** gibt es eine großartige Kuchenauswahl und das frisch gezapfte Pilsner Urquell oder ein knackiges Kürzer sind auch sehr erfrischend. Danach geht es über den Höhenweg weiter, wieder in Richtung Düssel. Hinter einer Linkskurve des Höhenwegs biegen wir scharf rechts ab in den Weg Diepensiepen. Hier überqueren wir wieder unsere Düssel und zweigen direkt dahinter links ab, um sie auf ihrem Weg nach Düsseldorf weiter zu begleiten. Wir biegen an einem kleinen See nach links ab. Eine alte, große Trauerweide erhebt sich mitten im See auf

Für die Seele
Inmitten des romantischen Neandertals liegt das gleichnamige Museum mit seinen spannenden Ausstellungen.

Bad in der Düssel

*Das weit über die Stadtgrenzen hinaus bekannte **Neanderthal Museum** erzählt die Geschichte der Menschheit. Alte und neue Forschungsergebnisse werden anschaulich dargestellt. Bei den Liegestühlen ist das besonders gelungen.*

einer kleinen Insel und mit etwas Glück lassen sich ganze Gruppen von Reihern beobachten. Da lohnt eine Pause, um die Szenerie auf uns wirken zu lassen und vielleicht ein Foto zu schießen.

Unser Weg geht weiter durch die malerische Landschaft in den **Düsselauen.** Manchmal verläuft er direkt neben dem Flüsschen, sodass man sich jederzeit eine kleine Abkühlung holen kann. Bei gutem Wetter, vor allem am Wochenende, kann es indes schon mal voll werden und wir nehmen natürlich Rücksicht auf die Wanderer. Langsam nähern wir uns dem berühmten **④ Neanderthal Museum.** Dieses Museum ist auch ein Grund, weshalb hier mehr Menschen unterwegs sind, denn viele Tausend Besucher erkunden Jahr für Jahr die spannenden Ausstellungen. Das in der Nähe gelegene **Eiszeitliche Wildgehege** beherbergt Wisente, Tarpane und Heckrinder. Es ist frei zugänglich und kann zu jeder Tageszeit besucht werden.

Neanderthal Museum

Seit Anfang 2023 gibt es eine weitere Attraktion: den Erlebnisturm Höhlenblick in der Nähe des Museums. Wir gelangen dorthin, indem wir vor dem Museum der Mettmanner Straße nach links folgen und hinter der Straßenbrücke über die Düssel rechts einschwenken und die Unterführung für Fußgänger nutzen. So können wir ein längeres Stück auf der viel befahrenen Straße vermeiden. Der Fußweg führt uns zügig zum **5 Erlebnisturm Höhlenblick.** Das höchste Plateau des Höhlenturms befindet sich über der Stelle, an der vor 150 Jahren die Höhle gefunden wurde. Man kann den Stahlturm mit einer Höhe von 22 Metern barrierefrei erklimmen und hat von dort einen fantastischen Ausblick aufs Neandertal. Anschließend kann man sich auf den Liegestühlen mit den neuesten Forschungserkenntnissen zum Thema „Sammler und Jägerin“ ausruhen. Im Blickpunkt des Museums stehen mittlerweile auch die Neandertalerinnen.

Neandertaler entdeckt das Fahrrad

Kalksteinfelsen

Die Tour geht über den asphaltierten Zweirichtungsradweg neben der Mettmanner Straße weiter. Ein besonderer Blickfang sind die freiliegenden ❻ **Kalksteinfelsen.** Kurz vor der Ortseinfahrt nach Erkrath biegen wir an einem Gewerbegebiet scharf rechts in die Metzkausener Straße. Hier geht es noch einmal kräftig bergauf, aber es ist nur ein Berg. Und es lohnt sich, da wir so noch zur ❼ **Stindermühle** gelangen. Dazu biegen wir in die Straße Gans nach links ab und an der nächsten Kreuzung rechts in den Stindertalweg. Das Stinderbachtal ist ein beliebtes Ausflugsziel in einem idyllischen Landschaftsschutzgebiet. So wie es zuvor aufwärts ging, können wir nun eine rasante Abfahrt genießen.

Hinter den Gebäuden fahren wir weiter halb links auf dem Stindertalweg durch den Wald und die Wiesen. Wir unterqueren die A 3 und rollen an drei Angelteichen vorbei, bis wir an die Bahngleise der Rheinischen Strecke kommen. Diese Strecke ist vor ein paar Jahren mit der Regionalbahn S 28 reaktiviert worden

Forsthaus im Morper Park

und heute eine wichtige Streckenergänzung für Pendlerinnen und Pendler. Wir gelangen in den Norden von Erkrath und fahren über die Straße Gink bis zur L 357, der Düsseldorfer Straße, in die wir nach rechts einschwenken.

Zum Abschluss unserer Tour machen wir noch einen kleinen Abstecher zum **Haus Morp** und biegen dafür an der Hausnummer 12–14 nach rechts in den **8 Morper Park.** In diesem wunderschönen Park können wir eine kleine Pause einlegen und die alten Parkbäume bewundern. Wir rollen im hinteren Teil des Parks ein Stück an den Gleisen entlang, biegen dann nach links ab und fahren zurück zur Düsseldorfer Straße. Diese kreuzen wir und nehmen den Fahrradweg ein kurzes Stück nach links bis zum Gödinghover

Weg, dem wir nach rechts folgen. Bald kommen wir wieder zur Düssel, die wir überqueren, und wir fahren weiter durch die Felder bis zu einer Brücke über die Bahngleise. Dahinter wenden wir uns nach rechts hinunter und kommen noch mal in ein Waldstück. Vorbei am **Gut Klein Düssel** geht es direkt hinein in den Osten von Düsseldorf. An der Glashüttenstraße biegen wir nach rechts ab und kommen so zum S-Bahnhof Düsseldorf-Gerresheim. Es ist für Radfahrer übrigens nicht verpflichtend, eine **Umweltplakette** zu haben, um in die Umweltzone der Stadt zu fahren. Aber ein lustiger Aufkleber zeigt, dass eigentlich nur Fahrräder eine Umweltplakette verdienen.

Hier in Gerresheim endet unsere Tour. Wer aber gerne bis in die Innenstadt radeln möchte, kann die gut markierte Düssel-Delta-Tour (Nummer 11) nehmen und erreicht nach 12 Kilometern die Innenstadt.

Stindermühle

Düsseldorf
Gerresheim
Heyestraße
Düssel
Vennhauser Allee
Vennhausen
Forst Eller
L 404
Rothenbergstraße
Unterbach
Unterbacher See
Elbsee
Rotthäuser Bachtal
Rotthäuser Bach
Morper Bachtal
Hubbelrather Bachtal
Hubbelrather Bach
Düsseldorfer Straße
Düsselauen bei Gödinghoven
Stinderbach
Stinderbachtal
Gans
Neanderstraße
Erkrath
Unterfeldhaus
Eselsbach
Metzkausener Straße
Mettmanner Straße
L 403
Talstraße
Neandertal
Kretzberg
Neanderhöhe
L 357
Bayerpark
Hochdahl
Hildener Stadtwald
Hoxbach
Hühnerbachtal
Mettmann
Mettmanner Bach
Hellenbrucher Bach
Ehlenbeck
Düsselberger Straße
Sinterstraße
Gruiten
L 423
Düssel
Haan
1
2
3
4
5
6
7
8
3
7
46
228
59

ALLES AUF EINEN BLICK

Entspannung 5/5
Abenteuer 5/5
Vielfalt 3/5

WIE & WANN

Waldwege, für Rennräder nicht geeignet, auf den Straßen nur wenig Autoverkehr. Beste Zeit: April bis Oktober.

HIN & WEG

Auto: P+R Parkplatz am Bahnhof Haan-Gruiten, Neandertalweg 1, 42781 Haan (Gruiten) oder P+R Parkplatz am S-Bahnhof Gerresheim, Heyestraße, 40625 Düsseldorf (Gerresheim)
ÖPNV: Bahnhof Haan-Gruiten, am Ziel: Bahnhof Düsseldorf-Gerresheim

ESSEN & ENTSPANNEN

2 **Schauf's Düsselsenf,** Bracken 14, 42781 Haan (Gruiten)
3 **Café und Biergarten Op dem Kamp,** Höhenweg 27, 40699 Erkrath (Hochdahl), Tel. (0 21 04) 1 76 23 79, www.op-dem-kamp.de

ENTDECKEN & ERLEBEN

1 **Kneippanlage Düssel**
4 **Neanderthal Museum,** Talstraße 300, 40822 Mettmann, Tel. (0 21 04) 9 79 70, www.neanderthal.de
5 **Erlebnisturm Höhlenblick**
6 **Kalksteinfelsen**
7 **Stindermühle**
8 **Morper Park**

Ohligser Heide

Moorlandschaft

Durch die Ohligser Heide

Unsere Tour durch Wälder und ein kleines Moor, durch die Ohligser Heide und rund um Hilden, führt durch viele Naturschutzgebiete. Sie beginnt am S-Bahnhof Düsseldorf-Eller. Wir fahren zwischen Sportplatz und Gewerbegebiet, parallel zur Straße **Am Kleinforst,** auf dem Radweg in Richtung Wald, den wir hier schon sehen können. Nach kurzer Zeit stoßen wir auf den Wanderparkplatz Am Kleinforst. Der, wie so oft, mit **roten Pfeilen** markierte Radweg läuft nun neben dem Fußweg mit leichten Kurven mitten durch den Wald.

Kurz darauf sehen wir plötzlich den **Unterbacher See,** der vorher von Bäumen und Gebüsch verdeckt wurde. Wir radeln am Ufer entlang zum ❶ **Südstrand.** An heißen Tagen lohnt sich natürlich auch ein Sprung ins kühle Nass. Das beliebte Freibad liegt direkt an der Route. Unsere Tour geht in einer Rechtskurve weiter über die Straße Am Kleinforst. Dabei fahren wir ein Stück um einen attraktiven Hochseilgarten herum. Wir überqueren den Eselsbach, biegen an der nächsten T-Kreuzung nach links und radeln in Richtung A 46, die wir unterqueren. Es geht weiter durch den Wald, bis wir an die Nähe der Bahngleise kommen. Dort biegen wir links ab und kommen zum **Elbsee.** Vor dem Elbsee beschreibt der Radweg eine Rechtskurve und wir werden durch den Wald zum ❷ **Dreiecksweiher** geleitet, an dem wir eine Gelegenheit haben, Düsseldorfer Wasservögel zu beobachten. Es lohnt sich also, hier kurz anzuhalten und einen Blick auf den See zu werfen.

Kilometer: 37,6
Höhenmeter: 140
Stunden: 4
RUNDTOUR

Elbsee

Mit etwas Glück kann man zur Paarungszeit Haubentaucherpärchen beim Turteln zuschauen.

Unser Weg führt nun zwischen dem Weiher und den Bahngleisen hindurch, die wir bei nächster Gelegenheit unterfahren. Dahinter biegen wir direkt links ab und radeln ein kurzes Stück neben den Gleisen. Wir folgen dem Radweg, der dann nach rechts führt, und überqueren die Straße Am Schönenkamp. Erfreulicherweise geht unser Weg weiter durch Wald, der ab hier **Benrather Forst** heißt, und wir können die Licht- und Schattenspiele, die Gerüche und Klangspiele genießen. Wir halten uns in südliche Richtung bis zur Hildener Straße. Dort radeln wir rechts zur Unterführung der A 59 und zweigen dahinter links in die Straße Am Buchholzer Busch ab. Unmittelbar nachdem wir auf ihr die A 59 erneut unterfahren haben, biegen wir links in einen Radweg, der uns zur Itter führt.

*Aus einer Kiesgrube wurde der **Dreiecksweiher** zu einem Hotspot für 70 verschiedene Vogelarten. Es entwickelten sich Schutzräume, die besonders für Wasservögel attraktiv sind. Zusammen mit dem Elbsee ist das Naturschutzgebiet stolze 157 Hektar groß.*

Wir rollen auf dem schönen Radweg in leicht geschwungenen Kurven weiter. Rechts liegt nun der **Garather Forst** und links verläuft die **Itter.** An der Horster Allee biegen wir rechts ab und radeln an einem Seniorenheim vorbei. Am Ende der Straße gelangen wir wieder in den Garather Forst, dessen Blätterdach uns bis zum Stadtteil Garath begleitet. Wir fahren über die Straße Am Kapeller Feld und biegen nach links in die kleine Straße An den Garather Hütten in den Wald. Kurz nachdem wir den Garather Mühlenbach überquert haben, folgen wir dem Verlauf der Straße an einer Gabelung nach links. Dieser Weg wird im weiteren Verlauf zum Bolthauser Weg. Bald radeln wir durch ein besonderes Highlight: ein ❸ **Wildschweingehege,** in dem man die frei laufenden Tiere beobachten kann. Ein Stück des Waldes ist eingezäunt, was durchaus beruhigend ist: Wer will schon mit dem Rad in eine Rotte hineinfahren?

Für die Seele

Im Naturschutzgebiet Ohligser Heide tauchen wir ein in eine wunderschöne moorähnliche Landschaft.

Der Garather Mühlenbach verläuft hier auf der rechten Seite parallel zum Weg. An einer Weggabelung bleiben wir auf dem Bolthauser Weg und biegen nach rechts ab. Wir fahren bis zum **Oerkhaussee** und erreichen nach dem Überqueren der Bahngleise die Stadt **Hilden.** Hier biegen wir an der Straße Bolthaus nach links auf einen Radweg und fahren diesen bis zu

Radweg an der Itter

einer Brücke über den Garather Mühlenbach. Wir queren den Bach und radeln nach rechts auf Tillmanns Weg, der uns weiter am Bach entlangführt. An einer T-Kreuzung biegen wir nach rechts ab und schwenken kurz dahinter links in die Overbergstraße ein. An der Richrather Straße wenden wir uns erst nach links und bei der ersten Möglichkeit nach rechts in den Haselweg. Dieser führt uns zum Erikaweg, in den wir links abzweigen. Vor uns sehen wir schon das **Seniorenzentrum Erikaweg,** in dessen liebevoll gestaltetem Terrassengarten des ❹ **Cafés Kniebach** wir eine Pause einlegen können. Der Restaurantbetrieb dort verwöhnt mit frischen, selbst gemachten Salaten, und auch die Menüs sind köstlich und werden zu einem kleinen Preis angeboten.

Nach der Stärkung fahren wir über den Erikaweg weiter und biegen direkt hinter dem Seniorenzentrum rechts auf den Radweg in den Eschenweg ab. Auf diesem bleiben wir bis zu den Feldern und wenden uns nach links. Am Waldrand radeln wir nach rechts bis zur nächsten Kreuzung, wo wir wieder links einschwenken. Am Hildener Südfriedhof halten wir uns rechts auf dem Weg Verlach und überqueren die A 3. Die Straße führt uns nun zum **Engelsberger Hof** in die ❺ **Schlesische Schänke,** ein Traditionslokal mit sehr großem Biergarten. Wer Trubel mag, ist hier genau richtig. Unsere Tour geht gegenüber vom Engelsberger Hof weiter auf der Straße Klingenpfad, am Parkplatz vorbei hinein ins Naturschutzgebiet **Ohligser Heide,** eine der seltenen Heideflächen in Nordrhein-Westfalen.

*Seit 1936 Naturschutzgebiet, laden Heide-, Moor- und Waldabschnitte der **Ohligser Heide** auf 175 Hektar dazu ein, sich in der Natur zu entspannen. Seit 2002 werden Heidschnucken und seit 2014 Ziegenherden zur Pflege des Pflanzenwuchses eingesetzt.*

Wir fahren staunend durch die Heide und kommen zum **Freibad Heide.** Falls wir am Unterbacher See den Sprung ins Wasser verpasst haben, können wir das hier nachholen. Kurz dahinter kommen wir zum ❻ **Drei-Insel-Teich** und machen hier noch eine kleine Pause, in der wir die Stille genießen. Am Drei-Insel-Teich biegen wir nach Westen ab und radeln nun durch ein ❼ **Moorgebiet,** das zu den Ausläufern der

Bergischen Heideterrassen gehört. An einer Weggabelung biegen wir rechts ab und fahren in nördliche Richtung. Bald treffen wir auf einen alten Bekannten, den Garather Mühlenbach, den wir überqueren, und geradeaus bis zu Bahngleisen weiterradeln, die wir unterqueren. So kommen wir wieder nach Hilden und fahren geradeaus über die Straße Am Heidekrug und nehmen hinter einer Rechtskurve den Weg durch ein Spielplatzareal nach links. Wir überqueren die Walder Straße und fahren auf der Lievenstraße geradeaus, bis wir zur Itter kommen. Diese kreuzen wir und folgen rechts abbiegend dem Flusslauf.

In einem kleinen Waldstück rollen wir über eine Itterbrücke, sodass das Flüsschen nun auf der linken Seite unseres Wegs liegt. Die Itter ist hier sehr schön und fließt kraftvoll dahin. Sie ähnelt einem richtigen Gebirgsbach. An einem Trafohäuschen biegen wir links in die Straße Schönholz ab und erhalten auf der Brücke einen wundervollen Blick auf die Itter. Jetzt geht der Weg durch ein kleines Gewerbegebiet, an dessen Ende wir nach einem Rechts-links-Schlen-

Moorgebiet

ker wieder in den Wald radeln. Wir befinden uns nun in der **Hildener Heide** und biegen an der nächsten Wegkreuzung nach links ab. Wir gelangen so zur B 228, der Elberfelder Straße, die wir überqueren. Der Weg geht geradeaus weiter durch die Hildener Heide. Nach einer lang gezogenen Linkskurve verläuft rechts von uns der Sandbach. An der zweiten Kreuzung biegen wir rechts ab in den **Hildener Stadtwald.** Dieser Wald ist dem Hildener Unternehmer **Wilhelm Ferdinand Lieven** zu verdanken. Die Stadt ehrte ihn 1929 mit dem 8 **Lievenstein.** Das Denkmal, etwa 6 Tonnen schwer, wurde von der Künstlerin Hilde Viering gestaltet.

__Wilhelm Ferdinand Lieven__ war Gutsbesitzer und Stadtverordneter in Hilden. Da er unverheiratet war und kinderlos blieb, vererbte er der Stadt 730 Morgen Wald. Daraus entstand der heutige Stadtwald.

Auch hier befinden sich Ausläufer der Bergischen Heideterrassen, sodass wir sogar die selten gewordene **Moorbirke** finden können. Nach einer lang gezogenen Linkskurve halten wir uns ein langes Stück geradeaus, bis wir die A 46 hören. Dort kommen wir zur Fahrradexpressroute Wuppertal–Düsseldorf. Dabei handelt es sich allerdings nicht um einen gut ausgebauten Radschnellweg, sondern um eine Aktion des ADFC Wuppertal, der den schönsten Weg von Wuppertal nach Düsseldorf ausgeschildert hat. Sie nennen es humorvoll den „Schienenersatzverkehr" und er wird auch von einigen Fahrradpendlerinnen und -pendlern dankbar angenommen. Hier fahren wir nach rechts, um über die

Hildener Stadtwald

Autobahnbrücke nach Hochdahl zu kommen. Auf kleinen Waldwegen radeln wir vor dem Hühnerbach links. Den Bach zu unserer Rechten kommen wir zum Erikaweg, auf dem wir rechts abzweigen. Davor kann es schon mal vorkommen, dass wir ein kurzes Stück durch den Wald schieben müssen. Der Erikaweg führt uns zur Straße Kemperdick, in die wir erneut rechts einbiegen. Hinter der nächsten Kreuzung nutzen wir nun den Radweg neben der Straße, die hier Bergische Allee heißt, bis wir an der zweiten Kreuzung die Bruchhauser Straße erreichen, in die wir nach links einschwenken.

Beim letzten Teil unserer Tour müssen wir mal deutlich die Gänge runterschalten oder hoffen, dass der Akku hält: Es geht kurz, aber kräftig bergauf. Wir radeln jetzt in westlicher Richtung bis zum 9 **Naturschutzzentrum Bruchhausen.** Hier lohnt sich ein kleiner Stopp, um die interessante Outdoor-Ausstellung zu besichtigen.

Unser Weg geht weiter auf der Bruchhauser Straße bis zur A 3, vor der wir nach rechts abbiegen. Bei der

Naturschutzzentrum Bruchhausen

nächsten Möglichkeit geht es gleich wieder nach links in die Straße Wormscheid, auf der wir die A3 überqueren. Wir folgen der Straße, bis wir den **Römerweg** erreichen, in den wir nach links einbiegen. Jetzt kommen wir langsam zur höchsten Stelle unserer Tour und machen am ⑩ **Römerwegblick** auf jeden Fall einen kurzen Stopp. Hier haben wir einen sensationellen Ausblick auf die gesamte **Kölner Bucht.** Bei guten Wetterverhältnissen kann man von hier aus sogar den Kölner Dom sehen. Wir radeln relaxt weiter über den Römerweg, queren die Erkrather Straße, fahren am Trinkwasserbehälter Hochscheid und an einem Unterstand vorbei und kommen zum Waldrand.

Das Gute an höchsten Punkten ist, dass es danach garantiert bergab geht. Und so rollen wir bald entspannt durch einen **Hohlweg.** Diese Hohlwege durch Nutzung als Verkehrswege mit Kutschen oder hölzernen Wagen. Da auf diesen Wegen dann keine Pflanzen wuchsen, vertieften sich die Wege durch Regenfälle, die die Oberfläche abtrugen. Diese Erosion verläuft langsam über mehrere Jahrhunderte. An den Rändern solcher Hohlwege kann man oft verschiedene geologischen Strukturen erkennen. Viele Hohlwege sind geschützte Naturdenkmäler. Wir fahren durch diesen Hohlweg bis ins **Gödinghovener Tal,** wo wir dem Gödinghover Weg nach links folgen.

An der Glashüttenstraße biegen wir nach links ab und fahren auf dem Radweg neben der Rothenbergstraße, bis wir nach rechts zum Wanderparklatz Eller Forst kommen. Hier machen wir noch eine kleine Abschlussrunde durch den Wald. Am Parkplatz nehmen wir an der Gabelung den linken Weg und folgen ihm knappe 400 Meter weiter durch eine lang gezogene Rechtskurve. Wir rollen unbeschwert bis zu einer T-Kreuzung, die wir schon vom Anfang der Tour kennen, biegen rechts ab und erreichen wenig später wieder unseren Startpunkt, wo die schöne Tour nun endet.

„Durch diese hohle Gasse muss er kommen." So alt wie dieses Zitat von Schiller sind viele ***Hohlwege.*** *Für Geologen und Historiker sind sie attraktive Reiseziele.*

Düsselaue bei Gödinghoven

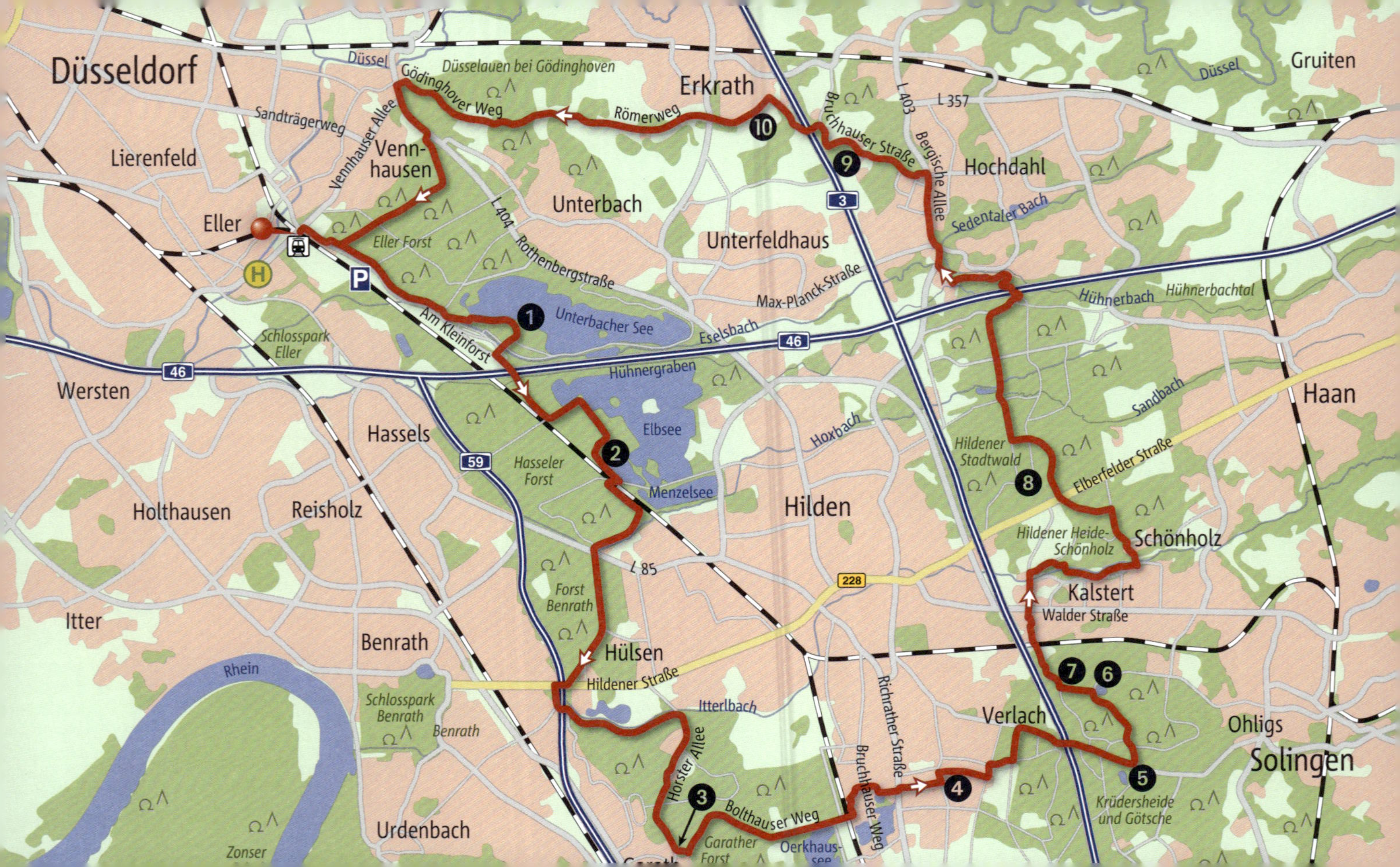
Düsseldorf
Lierenfeld
Eller
Vennhausen
Vennhauser Allee
Sandträgerweg
Düssel
Düsselauen bei Gödinghoven
Gödinghover Weg
Römerweg
Erkrath
L 357
L 403
Bruchhauser Straße
Bergische Allee
Hochdahl
Sedentaler Bach
Gruiten
Unterbach
Unterfeldhaus
Eller Forst
L 404
Rothenbergstraße
Max-Planck-Straße
Unterbacher See
Eselsbach
Hühnerbach
Hühnerbachtal
Am Kleinforst
Schlosspark Eller
Wersten
Hühnergraben
Elbsee
Menzelsee
Hassels
Hasseler Forst
Hoxbach
Sandbach
Hildener Stadtwald
Elberfelder Straße
Haan
Holthausen
Reisholz
Hilden
Hildener Heide-Schönholz
Schönholz
L 85
228
Kalstert
Walder Straße
Forst Benrath
Itter
Benrath
Hülsen
Hildener Straße
Rhein
Schlosspark Benrath
Itterlbach
Richrather Straße
Verlach
Ohligs
Solingen
Horster Allee
Bolthauser Weg
Bruchhauser Weg
Garather Forst
Oerkhaussee
Krüdersheide und Götsche
Urdenbach
Zonser
46
59
3

ALLES AUF EINEN BLICK

Entspannung
Abenteuer
Vielfalt

WIE & WANN

Viele Waldwege an Bächen und Seen entlang durch viele Naturschutzgebiete, für Rennräder ungeeignet; unterwegs zwei Bademöglichkeiten in Seen. Beste Zeit: April bis Oktober.

HIN & WEG

Auto: Wanderparkplatz Am Kleinforst, Am Kleinforst 114, 40627 Düsseldorf (Vennhausen)
ÖPNV: Bahnhof Düsseldorf-Eller oder Haltestelle Vennhauser Allee

ESSEN & ENTSPANNEN

4. **Café Kniebach im Seniorenzentrum Erikaweg,** Erikaweg 9, 40723 Hilden (Erika-Siedlung)
5. **Schlesische Schänke,** Engelsberger Hof 10, 42697 Solingen (Ohligs), Tel. (02 12) 2 24 45 00, www.schlesische-schaenke.de

ENTDECKEN & ERLEBEN

1. **Südstrand am Unterbacher See**
2. **Wasservögelbeobachtung am Dreiecksweiher**
3. **Wildschweingehege**
6. **Drei-Insel-Teich in der Ohligser Heide**
7. **Moorgebiet Bergische Heideterrassen**
8. **Lievenstein**
9. **Naturschutzzentrum Bruchhausen,** Bruchhauser Straße 47-49, 40699 Erkrath (inmitten der Bruchhauser Feuchtwiesen), Tel. (0 21 04) 79 79 89, www.naturschutzzentrum-bruchhausen.de
10. **Römerwegblick**

Graffiti unter der Fleher Brücke

Sieben Brücken

Am Rhein entlang

Sieben Brücken führen entlang unserer Tour über den Rhein und wir erleben die Stadt mit ihrem Fluss von allen Seiten. Wir starten am Johannes-Rau-Platz, der auch unter dem Namen Apollo-Platz bekannt ist. Über uns sehen wir bereits die erste Brücke unserer Tour, die Rheinkniebrücke. Aber noch interessiert sie uns nicht. Zunächst radeln wir in Richtung Süden am Landtag vorbei und erblicken schon ein Düsseldorfer Wahrzeichen, den **Rheinturm.** Wir werden diesen Turm auf der Tour immer wieder sehen. Allerdings werden wir uns durch die vielen **Rheinschleifen** oft wundern, dass er an einer ganz anderen Stelle auftaucht, als wir vermuten.

*Der **Rheinturm** wurde als Fernsehturm gebaut und ist mit 240,5 Metern seit 1982 in Betrieb. Auf 172 Metern kann man in der Gastronomie einen traumhaften Ausblick genießen. An der Außenseite befindet sich die größte Dezimaluhr der Welt.*

Wir fahren an der Weggabelung links den kleinen Hügel hinauf zu einem Hochhaus, das wegen seiner Architektur auch **Stadttor** genannt wird. Links am Stadttor vorbei, rollen wir nun neben der Schnellstraße Völklinger Straße über den Radweg Richtung Süden. Nach einem halben Kilometer überqueren wir die Gladbacher Straße und etwas später unterqueren wir eine Eisenbahnbrücke. Weiter geht es auf dem gut ausgebauten Radweg zur Fährstraße, die wir ebenfalls überqueren. Wir radeln auf der Platanenallee bis zum **1 Südfriedhof.**

Kilometer: 46

Höhenmeter: 80

Stunden: 5

RUNDTOUR

Über die Kreuzung des Südrings fahren wir Richtung Friedhofseingang. Jetzt haben wir bereits den lautesten Teil der Strecke hinter uns und tauchen ein in unsere entspannende Radtour über Wiesen und Felder, mit Ausblicken auf den großen Fluss, flaniert von moderner Architektur und schönen Patrizi-

Stadttor mit Rheinturm

erhäusern an beiden Rheinseiten. Kurz vor dem Eingang in den Friedhof biegen wir nach rechts in die kleine Straße Am Südfriedhof. Vor einem Restaurant-Café zweigen wir links ab und fahren an alten Friedhofsmauern außen entlang bis zum Aderräuscherweg. Der Südfriedhof ist der zweitgrößte Friedhof Düsseldorfs. Mittlerweile ist er zu einem Gartendenkmal geworden. Besonders hübsch ist die alte efeubewachsene Friedhofsmauer, die wir auch von außen genießen können, ohne die Besucher des Friedhofs zu stören. Der Aderräuscherweg ist ein Vordeich und daher etwas höher gelegen als die Umgebung. Rechts von uns sind große Blumen- und Gemüsefelder, links von uns ist immer noch der Friedhof. In einiger Ferne sehen wir bereits die **Fleher Brücke,** die erste Brücke, die wir überqueren werden.

Für die Seele

Wunderschöne Niederrheinlandschaft mit verschiedenen Panoramablicken auf die lebendige Stadt am Rhein.

Auf dem Weg dorthin radeln wir durch den Stadtteil Volmerswerth, einen alten Stadtteil mit dörflichem Charakter. Wir fahren weiter geradeaus in den Krahkampweg und stoßen an seinem Ende auf eine Sackgasse, die für Radfahrende und Fußgänger durchgängig ist. Auf dem **Fleher Deich** gelangen wir links zur Fleher Brücke. Bevor wir zur Brücke hochfahren, lohnt es sich, einen Blick unter die Brücke zu werfen. Dort gibt es ausdrucksstarke, farbenfrohe **2 Graffiti** zu bewundern.

Oben auf der Brücke können wir zum ersten Mal den Blick weit schweifen lassen und den Fluss in seiner ganzen Breite überblicken. Die Versuchung ist groß, schon einen ersten Fotostopp einzulegen. Wir fahren bis zur ersten Abfahrtsmöglichkeit, nehmen die Spitzkehre und lassen uns abwärts zu den Rheinwiesen rollen. Der Brückenbau schwenkt weit ins Land und so ist es ein guter halber Kilometer, bis wir wieder zum Rheinufer gelangen. Die Brückenbauer haben tatsächlich auf der linken Rheinseite die Abfahrt für den Rad-

verkehr vergessen. Das stört uns heute aber nicht, denn der Weg hier ist sehr schön und wir genießen die Fahrt durch die Felder. Unsere Tour geht weiter durch die Felder in Richtung Norden, der Rhein begleitet uns auf der rechten Seite.

Hier können wir ein Spiel machen: Wir steigen an irgendeiner Stelle vom Fahrrad, schließen die Augen und zeigen mit dem Arm dorthin, wo wir den Fernsehturm vermuten. Wahrscheinlich werden alle in unterschiedliche Richtungen, aber niemand in die richtige zeigen. Verwunderte Blicke und Lacher sind garantiert. Wir radeln weiter durch die grüne Auenlandschaft, bis wir nach **Grimlinghausen** kommen. Dieser gemütliche kleine Ort ist ein Stadtteil von **Neuss.**

Wir fahren über die Straße Am Röttgen über den Rheindeich. Hier können wir bereits eine erste Pause einlegen. Das **❸ Restaurant Bürgerhaus Reuterhof** hat eine Terrasse mit herrlichem Blick auf den Rhein. Unser Weg leitet uns weiter bis zum Ende der Straße, die später Rheinuferstraße, dann Am Römerlager heißt. Dort geht es links leicht bergauf und wir kommen zur Mündung der Erft in den Rhein. Auf der Brücke kann man sehr gut die **Erftmündung** sehen und erneut schöne Fotos machen. Hinter der Brücke biegen wir direkt rechts ab und lassen uns hinunterrollen. Weiter geradeaus geht es zum kleinen Neusser Yachthafen. Ein kleiner Geheimtipp dort ist das **4 Restaurant am Rhein** des Neusser Rudervereins. Wir umrunden den Yachthafen und kommen an eine große Wiese, an der der Radweg einen großen Linksbogen beschreibt. Die Skulptur am Ende des Wegs markiert den Start- oder Endpunkt der **Napoleonroute,** einem schönen Radweg, der bis in die Niederlande führt.

Wir radeln heute aber neben der Kastanienallee weiter bis zu unserer nächsten Brücke, der **Südbrücke.** Diese hat vor einigen Jahren den Namen Josef-Kardinal-Frings-Brücke erhalten, aber der Name Südbrücke wird weiter von vielen für diese Brücke genutzt. Da die Auffahrt hier steil ist, schieben wir die Räder hoch. Wir haben hier einen guten Ausblick auf die Wiesen von **Hamm** und das Stadtpanorama von südlicher Seite. Wir nutzen direkt die erste Abfahrt und radeln auf dem Hammer Deich weiter flussabwärts.

Erftmündung

Rheinkniebrücke

Bald führt uns der Weg auf einen kleinen Schlenker über Auf den Steinen bis zum **Alten Kapellchen.** Wir überqueren die Fährstraße und fahren auf der Hammer Dorfstraße weiter, bis wir links zur Auffahrt zum Deichradweg **Am Sandacker** kommen. Nun geht es in einer großen Runde bis in den Hafen. Zunächst fahren wir unter einer Eisenbahnbrücke durch, dann verläuft der Radweg neben dem **Golfplatz** bis zum **Gaskraftwerk Lausward.** Kurz danach kommen wir zum Düsseldorfer Beach. Hier können wir uns nun die Frage stellen, wie es sein kann, dass wir bei einer Anzahl von sieben Brücken wieder auf der gleichen Rheinseite landen. Das müsste doch eine gerade Zahl sein.

Das Ufergelände des Rheins vor der Rheinkniebrücke ist ein sehr beliebtes Ausflugsziel. Wegen seines breiten Sandstrandes wird es auch ***Paradiesstrand*** *genannt.*

Des Rätsels Lösung ist unsere dritte Brücke, eine Fußgängerbrücke über die Düsseldorfer Hafeneinfahrt. Diese Brücke ermöglicht beste Ausblicke auf den **Medienhafen** und die drei **5 Gehry-Bauten.** Von hier aus kann man diese architektonischen Wahrzeichen Düsseldorfs alle gleichzeitig bewundern. Langsam rollen wir die Brücke herunter und fahren durch den Park am Rheinturm sowie direkt am **Landtag von NRW** vorbei. Wir passieren das Gebäude diesmal auf

Fenster des Landtags

Gehry-Bauten

seiner Rückseite zwischen Rhein und Landtag. So erblicken wir das Restaurant für die Abgeordneten und den **Brunnen von Heinz Mack.** Von hier aus sehen wir auch schon unsere vierte Brücke, die Rheinkniebrücke. Wir nehmen die Spindelauffahrt zur rechten, flussabwärts gelegenen Brückenseite und rollen entspannt über die **6 Rheinkniebrücke.** Hier können wir das ganze Stadtpanorama überblicken und die weite Kurve des Rheins mit dem **Paradiesstrand** bewundern.

Auf der anderen Rheinseite kommen wir in den Stadtteil **Oberkassel** mit seinen prächtigen alten Patrizierhäusern. Unter der Platanenallee neben dem Kaiser-Wilhelm-Ring geht unsere Tour immer weiter nordwärts den Rhein hinunter. Wir unterqueren die Oberkasseler Brücke und bleiben auf der linken, westlichen Rheinseite. Direkt hinter der Brücke an der Gabelung des Radwegs fahren wir den Weg hinunter, da dieser landschaftlich abwechslungsreicher und ruhiger ist als der Weg über den Deich. Am Pappelwäldchen geht es weiter unter der Theodor-Heuss-Brücke hinweg, bis wir zum **Löricker Freibad** mit der **7 Strandbar Sonnendeck** kommen. Dort folgen wir der Linkskurve des Radwegs und fahren am Freibad rechts hoch zum Niederkasseler Deich. Hinter dem Campingplatz gibt es einen Abzweig am Deich, der nach rechts unten führt. Diesen sollten wir unbedingt nehmen, weil es auch dort abwechslungsreicher ist als auf dem Deich. Wir radeln durch ein kleines Wäldchen und kommen dann direkt an den Rhein. Auf der anderen Rheinseite können wir das Rheinstadion, die Arena, sehen. Dort spielt der Düsseldorfer Männerfußballverein Fortuna 95 seine Heimspiele.

Unsere Tour geht weiter am Rhein entlang. Wir erreichen die 8 **Skulptur des Beuys-Kopfes von Anatol,** einem Beuys-Schüler. Das Kunstwerk wurde der Stadt geschenkt, aber die Stadt wollte es nicht haben. Daher wurde die Joseph-Beuys-Büste hier an diesen etwas abgelegenen Standort platziert. Auf der linken Seite fahren wir an einem verträumten alten Restaurant mit einem kleinen Skulpturengarten vorbei. Die Ponys dort sehen täuschend echt aus.

Der Weg schlängelt sich weiter am Rhein entlang, bis er links auf dem Rheindeich mündet. Hier können

Paradiesstrand

Ilvericher Altrheinschlinge

wir auch schon unsere fünfte Brücke sehen, die **Niederrheinbrücke.** Offiziell hat diese Brücke noch keinen Namen, da sich die beiden Städte Düsseldorf und Meerbusch noch nicht auf einen Namen einigen konnten. So sind wir frei in der Namensgebung. Für die meisten heißt sie schlicht Niederrheinbrücke, auf manchen Karten findet sich die Bezeichnung Flughafenbrücke. Bevor wir aber auf diese Brücke fahren, nutzen wir die Gelegenheit und gönnen uns einen Schlenker in die **Ilvericher Altrheinschlinge.** An einer Weggabelung, an der wir rechts einen Hain mit Teich darin passieren, biegen wir nach links und fahren über **Der Kreuz Wildweg** am Wasserwerk vorbei. Die Landschaft ist hier geprägt von alten Kopfweiden und einem Bach, dem Kringsgraben, dem wir nach rechts folgen und der uns in weitem Bogen wieder zum Rhein zurückführt. Der naturbelassene Radweg gibt uns die Möglichkeit, die Seele baumeln zu lassen und die Ruhe zu genießen. Am Ende dieser erholsamen Schleife kommen wir wieder auf den Deich, wenden uns nach rechts zur Brücke und fahren nun auf der flussabwärts liegenden Brückenseite die Spindel hinauf. Von dieser Brücke haben wir erneut einen weiten Blick auf die unter uns liegende Niederrheinlandschaft.

Der Radweg führt uns hinab zum **Lohauser Deich.** Dort können wir gemütlich unsere Tour fortsetzen, nun wieder flussaufwärts unserem Ziel entgegen. Über den Rheindeich fahren wir am **Fußballstadion** und den **Messehallen** vorbei. Wir nähern uns der sechsten Brücke und einer wichtigen Entscheidung: Der Weg über die Theodor-Heuss-Brücke und zurück auf der Oberkasseler Brücke ist 4 Kilometer lang. Auf dem Weg entlang des rechten Rheinufers sind es nur 2 Kilometer. Fahren wir noch mal über zwei Brücken oder rollen wir einfach entspannt und glücklich am **Robert-Lehr-Ufer** vorbei in die Altstadt? Meistens wird diese Entscheidung vom Wetter oder von unserem Appetit auf ein köstliches **Altbier** abhängig sein. Bei einem Besuch in der Altstadt gehört es dazu, sich an einem Brauereiausschank von einem Köbes bedienen zu lassen. Wer alle „sieben" Brücken fahren möchte, muss allerdings den Weg über die Theodor-Heuss-Brücke und Oberkasseler Brücke wählen.

In Düsseldorf gibt es sechs Brauereien, die aus Hopfen, Malz, Hefe und Wasser ***Altbier*** *brauen. Das obergärige Bier hat 4,7 Prozent Alkohol. Für Entdecker finden geführte Altbiertouren statt. Das Alt ist so berühmt, dass es auf jeder Computertastatur steht.*

Der letzte Teil der Tour ist die beliebte Rheinuferpromenade. Da kann es im Sommer auch schon mal etwas enger werden. Besonders wenn an den Wochenenden Veranstaltungen wie die **Büchermeile,** das **Japanfest** oder das **Frankreichfest** stattfinden. Dann heißt es absteigen, schieben und mitfeiern.

Am Ende der Tour haben wir am Johannes-Rau-Platz die Gelegenheit, im südlichen **Stadtstrand** den Tag ausklingen zu lassen. Die **9 Stadtstrand-Bars** gibt es an drei Plätzen direkt am Rhein. Hier am **Mannesmannufer,** am Tonhallenufer oder am Robert-Lehr-Ufer kann man zwischen März und Oktober Liegestühle ausleihen und mit Getränken und Food in Bioqualität dem Sonnenuntergang entgegen chillen. Mit einem Sundowner und dem Blick auf den schönen Fluss ruhen wir uns in einem Liegestuhl aus. Oder wir haben Karten fürs **Apollo Varieté** gekauft und lassen den Abend mit einer spektakulären Show in einer architektonisch außergewöhnlichen Location ausklingen.

Unter der Rheinkniebrücke, zwischen Landtag und Altstadt, bietet ***Roncalli's Apollo Varieté*** *seit 1997 atemberaubende Akrobatik in nostalgischer Kulisse. Das Apollo wird auch als Juwel der Varietés in ganz Europa empfohlen.*

Strümp
Ilverich
Bergfeld
Niederrhein-
brücke
Ilvericher
Altrheinschlinge
Lohausen
8
In der Issel
Isseldyk
Ilvericher
Bruch
Mühlenbach
44
Moerser Straße
Apelter Weg
Lohauser Deich
Stockum
Meerbusch
Necklenbroich
Golzheim
Rotterdamer Straße
1
8
Niederlöricker Straße
Stingesbach
7
Rhein
Oberlöricker Straße
Theodor-
Heuss-
Brücke
1
Niederdonk
Büderich
Neusser Straße
Lörick
Am Pappelwäldchen
Pempel
fort
Schiessstraße
Hansaallee
7
Lütticher Straße
Nieder-
kassel
52
L 392
Ober-
kasseler
Brücke
Luegallee
Heerdt
Ober-
kassel
Altstadt
9
Paradies-
strand
Carlstadt
Erftkanal
6
P
H
Hafen
Barbara-
viertel
Ölgangs-
insel
5
Herzogstr
Elisabethstraße
Obererft
Hafen
Rheinwiesen
Neuss
Fährstraße
Düsseldorf
Josef-Kardinal-
Frings-Brücke
Hamm
Südring
1
326
Neuss
Hamm-
feld
1
Nordkanal
Hammfelddamm
Rheinallee
Flehe
Rhein-
park
Neuss
4
Volmerswerth
2
57
Kölner Straße
3
Pomona
Gnadental
Bonner Straße
Uedesheimer
Rheinbogen
46
46
Berghäuschensweg
Am Reckberg
Erft
46
477
Selikum
Grimlinghausen

ALLES AUF EINEN BLICK

Entspannung
Abenteuer
Vielfalt

WIE & WANN

Strecke mit vielen Radwegen, meistens asphaltiert, kaum Autoverkehr, gut fahrbar. Die Strecke kann auch in zwei Teilstrecken von 20 beziehungsweise 25 Kilometern gefahren werden. Ganzjährig möglich.

HIN & WEG

Auto: Q-Park Apollo an der Rheinkniebrücke, Neusser Straße 14, 40213 Düsseldorf (Unterbilk)
ÖPNV: Haltestelle Landtag/Kniebrücke

ESSEN & ENTSPANNEN

3 **Restaurant Bürgerhaus Reuterhof,** Rheinuferstraße 18, 41468 Neuss (Grimlinghausen), Tel. (0 21 31) 3 22 44, www.buergerhaus-reuterhof.de
4 **Restaurant am Rhein,** Grimlinghauserbrücke 54, 41468 Neuss (Grimlinghausen), Tel. (0 21 31) 15 06 20, www.restaurant-am-rhein-neuss.de
7 **Strandbar Sonnendeck am Löricker Freibad,** Niederkasseler Deich 285, 40547 Düsseldorf (Lörick), Tel. (02 11) 3 00 47 77, www.sonnendeck-duesseldorf.de
9 **Stadtstrand-Bar Mannesmannufer,** Rheinwerft 50, 40213 Düsseldorf (Carlstadt), www.stadtstrand-duesseldorf.de

ENTDECKEN & ERLEBEN

1 **Südfriedhof**
2 **Graffiti an der Fleher Brücke**
5 **Gehry-Bauten**
6 **Rheinkniebrücke**
8 **Skulptur des Beuys-Kopfes von Anatol**

Japanischer Garten

Parks und Burgen

Um Flughafen und Kaiserpfalz

Diese Rundtour führt uns auf ruhigen Wegen durch den Düsseldorfer Norden. Wir radeln durch den Nordpark, können startende und landende Flugzeuge direkt durch den Flughafenzaun sehen, streifen durch den Park des alten Kalkumer Schlosses und kommen durch Kaiserswerth mit seinen Sehenswürdigkeiten.

Wir beginnen unsere Tour an der Rotterdamer Straße unter der **Theodor-Heuss-Brücke,** die oft auch Nordbrücke genannt wird. Am Ufer geht es unter Kastanien rheinabwärts über eine schöne Promenade. Wir genießen direkt beim Start die entspannende Aussicht auf den Rhein, auf der rechten Seite kann man die historische weiße Siedlung Golzheim erkennen. Die erste Fußgängerampel hinter der Brücke nutzen wir, um die Rotterdamer Straße zu überqueren und nach rechts in den **Nordpark** zu fahren. Am Eingang sind vier Stufen und eine kleine Rampe für unsere Räder. Wir halten uns im Park auf der linken Seite und folgen der Beschilderung zum **1 Japanischen Garten.**

Der 1975 angelegte ***Japanische Garten*** *ist ein Zeichen der Freundschaft zwischen Japan und Düsseldorf. Einmal jährlich findet das Japanfest statt, dessen legendäres japanisches Feuerwerk jedes Jahr aufs Neue eine Attraktion für viele Menschen ist.*

Hier nehmen wir uns etwas Zeit, stellen die Räder kurz zur Seite und laufen durch den liebevoll gestalteten Garten mit seinen alten Bäumen, plätschernden Bachläufen und verwinkelten Wegen und versenken uns in der japanischen Gartenbaukunst. Die beschauliche Idylle entsteht durch den speziellen Baumschnitt der Kiefern und der Japanischen Fächerahorne. Japanische Gärten dienen als Orte der Entspannung und Ruhe. Mitten im Trubel der Stadt ist der Stress des Alltags vergessen.

Kilometer: 31,5
Höhenmeter: 90
Stunden: 3,5
RUNDTOUR

Wasserspiel Nordpark

Nach diesem kleinen Spaziergang radeln wir gemütlich weiter in östlicher Richtung durch den Nordpark und kommen an hübsch bepflanzten Beeten vorbei bis zu den Wasseranlagen mit Fontänen und Wasserspiel. In Sichtweite befindet sich auch der **Aquazoo,** der seit 1987 ein Publikumsmagnet ist. Er ist selbst ein sehr lohnendes Ziel und wird in Tour 15 genauer vorgestellt. Beim Verlassen des Nordparks an der Ostseite fahren wir an der monumentalen **Skulpturengruppe von Edwin Scharff** vorbei. Das Denkmal „Die Rossebändiger“ wurde 1937 anlässlich einer Propagandaschau des Nationalsozialismus, der „Reichsausstellung Schaffendes Volk“, errichtet. Wir überqueren die Kaiserswerther Straße und radeln durch die Grünanlage weiter in Richtung Nordfriedhof. Über eine Fahrrad- und Fußgängerbrücke kreuzen wir die Stadtautobahn Danziger Straße. Dahinter erblicken wir rechter Hand das von Jupp Rübsam entworfene Mahnmal für die Opfer des Nationalsozialismus. Die „Drei Nornen“ sind nicht weniger monumental als „Die Rossebändiger“, bilden aber inhaltlich einen deutlichen Kontrapunkt.

Wir behalten die östliche Fahrtrichtung bei und radeln über den Thewissenweg. Rechts von uns befindet sich der größte Düsseldorfer Friedhof, der **Nordfriedhof.** Hinter einer S-Kurve, kurz vor Ende des Thewissenwegs, biegen wir links in die Straße An der Golzheimer Heide. Dieser folgen wir, bis wir gegenüber vom Mühligweg nach rechts in eine kleine Grünanlage einbiegen. Dies ist einer jener kleinen, gemütlichen Schleichwege, die unsere Tour fernab von Hauptstraßen so besonders machen. Wir radeln bis zur Kalkumer Straße, die wir an der Ampel überqueren, und können weiter geradeaus durch den schmalen begrünten Parkweg fahren. Das Grün lässt uns durchatmen und wir genießen die Ruhe, die uns hier umgibt. Am Ende dieses Wegs biegen wir nach links, fahren kurz darauf am Wilseder Weg nach rechts und erblicken schon die erste gelbe Brücke über

Für die Seele

Wir radeln auf grünen Wegen jenseits der quirligen Stadt – und entdecken dabei die alte Kaiserpfalz.

„Die Rossebändiger“

Reiher am Kittelbach

den **Kittelbach,** die wir queren. Direkt dahinter schwenken wir nach links in den Uferweg ein. Hier sehen wir einen kleinen Teil des Kittelbachs, der vor einigen Jahren renaturiert wurde, und können diesen Flussteil gut vergleichen mit den oftmals eher traurigen Gewässern, die in Betonwannen durch unsere Städte geleitet werden. Es gibt Pläne der Stadt, die übrigen Teile des Kittelbachs ebenso zu renaturieren. Dies wäre neben der Förderung der Artenvielfalt auch für den Hochwasserschutz gut.

Die Düssel mündet in vier kleinen Flussarmen in den Rhein. Im Osten der Stadt wird die Düssel an einem Spaltwerk in die Nördliche und die Südliche Düssel geteilt. Der nördliche Teil wird dann abermals geteilt, ein Teil davon heißt ***Kittelbach.***

Am Ende des Wegs queren wir die Unterrather Straße und erreichen den ❷ **Kittelbachpark.** An diesem Ort gab es von 1869 bis 1964 ein sehr großes Kartäuserkloster, in dem bis in die 1960er-Jahre Mönche lebten. Die Mönche waren im Stadtteil sehr beliebt, da sie mit den reichen Ernten ihres Klostergartens regelmäßig Armenspeisen durchführten. Diese waren allerdings nur für Männer, da Frauen das Kloster nicht betreten durften. Wegen der Erweiterung des Flughafens haben die Mönche das Kloster aufgegeben und es wurde abgerissen. Steine des Klosters wurden für Sanierungen genutzt und finden sich heute noch in Gebäuden der Altstadt. Links am Wegrand erinnert eine **Skulptur mit einem lesenden Mönch** an das ehemalige Kloster. Wir genießen die ruhige und entspannte Atmosphäre in diesem Park. Der Kittelbach liegt links des Wegs und bald sehen wir eine große Wiese, durch die sich ein kleineres Bächlein schlängelt, der **Schwarzbachgraben.** Wo er in den Kittelbach mündet, biegen wir scharf rechts ab und folgen diesem Bachlauf, bis wir an ein Sackgassenschild kommen. Wir sind an der Parsevalstraße angelangt, in die wir links einbiegen und die uns bis zur großen Kreuzung am Kieshecker Weg bringt. Diesen überqueren wir und fahren neben der Wanheimer Straße auf dem Radweg weiter.

Jetzt sind wir schon sehr nah am **❸ Düsseldorfer Flughafen** und fahren Richtung Fernbahnhof. Die Gegend ist nun deutlich geprägt durch die Nähe zum Flughafen. Viele neue Bürobauten sind in den letzten Jahrzehnten entstanden. Kurz vor einer **Eisenbahnbrücke** kommen wir von der Wanheimer Straße nach rechts abwärts in die E-Plus-Straße. Unten angelangt, machen wir einen U-Turn und gelangen auf einen unscheinbaren Rad-Fuß-Weg. Auch wenn es eigenartig aussieht, das ist genau richtig. Nun radeln wir unter der Wanheimer Straße hindurch und bleiben weiter links von den Bahngleisen. Der Weg unterquert auch noch die A 44 und endet direkt an den Bahnsteigen des Bahnhofs. Wir nutzen die geräumigen Aufzüge des Flughafens, um auf die andere Seite der Gleise zu gelangen. Dort wenden wir uns links und kommen über den Tiefenbroicher Weg direkt an den Zaun der

Holzlehrpfad

Start- und Landebahnen, wo wir hautnah Flugzeuge beobachten können. Viele Hobbyfotografen nutzen diesen Platz, um mit riesigen Objektiven die Flugzeuge zu fotografieren.

Gegenüber vom Flughafenzaun finden wir am Waldrand einen ❹ **Holzlehrpfad.** Hier gilt es, die richtigen Holzarten zu erraten. Wer gewinnt, kann sich von den Mitradelnden in Kaiserswerth ein Eis ausgeben lassen. Wir verlassen den Flughafen und freuen uns über ein größeres Waldstück auf unserem Weg. Am Ende des Flughafenfeldes biegen wir nach links und fahren bis zu den Gleisen. Wir radeln rechts entlang der Gleise und gelangen zur Kalkumer Schloßallee, auf der wir die Gleisanlangen kreuzen. Auch wenn wir ein kurzes Stück schieben müssen, bleiben wir auf der linken Seite, da es direkt hinter der Brücke wieder links in den Wald geht und wir so die zweimalige, gefährliche Überquerung der Landstraße vermeiden.

Wir fahren also bei der ersten Gelegenheit links in den Wald, nehmen an der Gabelung dahinter den linken Zweig, queren bald den Schwarzbach nach links und radeln rechts knappe 200 Meter am Flughafenfeld entlang, ehe wir uns mit einem Schlenker etwas vom

*Das **Kalkumer Schloss** ist das einzige Wasserschloss in Düsseldorf. Den Schlosspark ließ Gräfin Maria Anna von Kortenbach ab 1808 als Landschaftsgarten im englischen Stil anlegen. Heute ist er eine romantische Oase der Ruhe und für alle frei zugänglich.*

Zaun entfernen. 100 Meter weiter biegen wir rechts in den Wald ab und kommen so zu einer Unterführung unter die Danziger Straße. Wir fahren nach links, ein Stückchen parallel zur Schnellstraße, und schwenken bei der ersten Möglichkeit rechts in einen Feldweg ein, der uns entlang einer Baumreihe zur Zeppenheimer Straße bringt, in die wir rechts abzweigen. Dann radeln wir links in den Friedhofsweg, der uns direkt zu unserem nächsten Ziel führt, dem 5 **Kalkumer Schloss.**

Kalkumer Schloss

Kaiserswerth

Kaiserswerth *war früher eine Insel (Werth-Insel), die seit Ende des 7. Jahrhunderts als Kloster oder Burg genutzt wurde. Kaiser Barbarossa baute die Burg zu einer großen Festungsanlage aus. Die heutigen Ruinen stammen aus dieser Zeit um 1193.*

Die hübschen Bänke in den Parkanlagen können wir für ein kleines Picknick nutzen. Oder wir schlendern über die von dem berühmten Gartenbauer Maximilian Weyhe angelegten Wege und suchen nach dem etwas versteckten **Denkmal von Ferdinand Lassalle,** dem Gründer der Sozialdemokratie.

Nach dieser kleinen Auszeit im Schlosspark radeln wir weiter in westliche Richtung nach **Kaiserswerth.** Vor der Kalkumer Schloßallee biegen wir links ab und fahren auf dem Radweg, bis wir zur Kreuzbergstraße kommen, in die wir rechts einschwenken. Diese fahren wir bis zum Ende, überqueren die Straßenbahngleise und biegen links in die Arnheimer Straße. Es lohnt sich, den alten Stadtteil Kaiserswerth um den Kreuzberg herum näher anzusehen, wo unter anderem das **6 Eiscafé Boutique** zu einem Besuch lockt. Kaiserswerth ist einer der ältesten Stadtteile und existierte schon, als Düsseldorf noch eine kleine Ansammlung von Fischerdörfern war.

Am Klemensplatz biegen wir rechts in den Kaiserswerther Markt ein und können in weitere Teile der

Kaiserpfalz

Kapelle im Lantz'schen Park

alten Stadt eintauchen. Wir fahren bis zum Rheinufer, wenden uns links und rollen die letzten Meter flussaufwärts zur mittelalterlichen 7 **Kaiserpfalz.** Aus zwei Gründen lohnt es sich auf jeden Fall, hier eine Pause zu machen. Erstens ist es ein Erlebnis, auf den dicken Steinen der alten Burgruine nach oben zu kraxeln, und zweitens befindet sich direkt neben der Burgruine einer der schönsten Biergärten Düsseldorfs, die 8 **Galerie Burghof.** Am beliebtesten sind die Plätze direkt unter den großen Kastanien mit Blick auf den Rhein. Wenn es dort zu voll sein sollte, kann man am Kaiserswerther Markt das 9 **Restaurant Zum Einhorn** besuchen.

Nach dieser Auszeit radeln wir weiter am Rhein entlang zum **Lohauser Deich.** Hier können wir das Flair der Niederrheinlandschaft mit Pappeln und Weiden erleben. An einer Weggabelung biegen wir links in den Grünen Weg ab und folgen seinem etwas verschlungenen Verlauf zwischen Pferdekoppeln durch die Felder. Am Ende des Wegs erwartet uns der 10 **Lantz'sche Park.** Dieser war ein alter Rittersitz in Lohausen, der fünf Generationen im Besitz der Familie Lantz blieb. 1972 erwarb die Stadt Düsseldorf das Anwesen, in dem die Kunstkommission der Stadt temporär zeitgenössische Skulpturen ausstellt.

Nach diesem Parkbesuch rollen wir entlang der A 44 zurück zum Lohauser Deich und genießen die verbleibenden Kilometer am Rhein entlang mit Blick auf das Stadtpanorama. Am **Wasserwerk** vorbei kommen wir über den Deich wieder zur Rotterdamer Straße zurück und beenden glücklich und entspannt an der Theodor-Heuss-Brücke unsere Tour. Zum Abschluss empfiehlt sich ein Besuch des chilligen 11 **Stadtstrands am Robert-Lehr-Ufer** direkt neben der Brücke. Der Stadtstrand bereichert mit drei Standorten seit ein paar Jahren die Düsseldorfer Gastronomie. Hier gibt es zwar keinen Sand, aber mit Blick auf den Sonnenuntergang im Westen können wir bei einem köstlichen Getränk gemütlich im Liegestuhl den Tag ausklingen lassen.

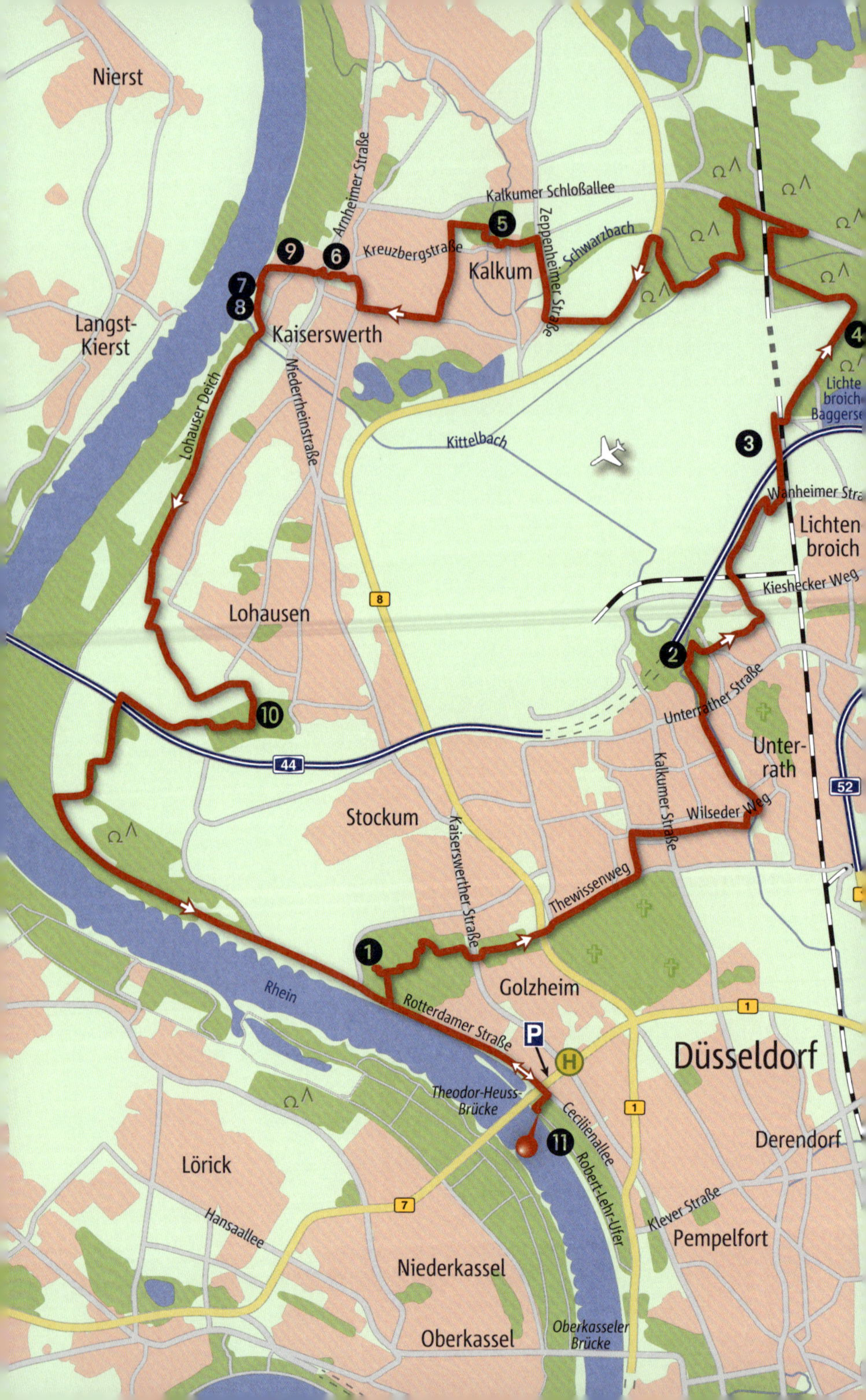

Nierst
Langst-Kierst
Kaiserswerth
Kalkum
Arnheimer Straße
Kreuzbergstraße
Kalkumer Schloßallee
Zeppenheimer Straße
Schwarzbach
Lohauser Deich
Niederrheinstraße
Kittelbach
Lichtenbroicher Baggersee
Wanheimer Straße
Lichtenbroich
Kieshecker Weg
Lohausen
Unterrather Straße
Unterrath
Kalkumer Straße
Wilseder Weg
Stockum
Kaiserswerther Straße
Thewissenweg
Golzheim
Rotterdamer Straße
Rhein
Theodor-Heuss-Brücke
Cecilienallee
Robert-Lehr-Ufer
Düsseldorf
Derendorf
Klever Straße
Pempelfort
Lörick
Hansaallee
Niederkassel
Oberkassel
Oberkasseler Brücke
1
2
3
4
5
6
7
8
9
10
11
P
H
8
44
52
1
7

ALLES AUF EINEN BLICK

Entspannung 4/5
Abenteuer 2/5
Vielfalt 3/5

WIE & WANN

Strecke mit vielen gut befahrbaren Radwegen, teilweise asphaltiert und wenige Autostraßen. Ganzjährig möglich.

HIN & WEG

Auto: Parkplatz unter der Theodor-Heuss-Brücke, Cecilienallee, 40474 Düsseldorf (Golzheim)
ÖPNV: Haltestelle Theodor-Heuss-Brücke, von dort entlang der Uerdinger Straße rheinwärts bis zur Rotterdamer Straße

ESSEN & ENTSPANNEN

6 **Eiscafé Boutique,** Am Kreuzberg 4, 40489 Düsseldorf (Kaiserswerth), Tel. (02 11) 40 20 26, https://eisboutique-cafe-duesseldorf.eatbu.com
8 **Galerie Burghof,** Burgallee 1, 40489 Düsseldorf (Kaiserswerth), Tel. (02 11) 40 14 23, www.galerie-burghof.de
9 **Restaurant Zum Einhorn,** Kaiserswerther Markt 26, 40489 Düsseldorf (Kaiserswerth), Tel. (02 11) 4 08 02 80, www.zumeinhorn-kaiserswerth.de
11 **Stadtstrand-Bar Robert-Lehr-Ufer,** Robert-Lehr-Ufer 41, 40474 Düsseldorf (Golzheim), www.stadtstrand-duesseldorf.de

ENTDECKEN & ERLEBEN

1 **Japanischer Garten**
2 **Kittelbachpark**
3 **Düsseldorfer Flughafen**
4 **Holzlehrpfad**
5 **Kalkumer Schloss**
7 **Kaiserpfalz**
10 **Lantz'scher Park**

Laubengang im Südpark

Durchs Grüne

Im Düsseldorfer Süden entspannen

Heute geht es in den grünen Süden von Düsseldorf. Dabei radeln wir durch einige Naturschutzgebiete, nehmen uns Zeit für den Benrather Schlosspark und können bei gutem Wetter ein Freibad auf dem Weg besuchen.

Unsere Tour beginnt am Eingang des **Volksgartens** an der gleichnamigen Straßenbahnhaltestelle. Wir starten am **„Zeitfeld“** von Klaus Rinke und radeln rechts in den Park. Das Bootshaus und der Teich liegen links von unserem Weg. Bei den weiteren Weggabelungen halten wir uns immer rechts und gelangen so an den **❶ Rhododendronweg,** der besonders im Frühjahr prächtig und voller Blüten ist. Wir fahren diesen Weg, bis wir an einen kleinen Kreisverkehr kommen, in dessen Mitte eine bunte Stahlskulptur steht. Dort biegen wir rechts in den Stoffeler Kapellenweg und fahren diesen bis zur Witzelstraße. Rechts von uns befindet sich der Stoffeler Friedhof und links sehen wir die Kleingärten des Kleingartenvereins Stoffeln.

An der Witzelstraße nutzen wir die rechts liegende Brücke, um die Straße zu queren, und fahren weiter parallel zur Werstener Straße entlang der Straßenbahngleise. Wir passieren einen Straßenbahnknoten und radeln leicht bergauf zu einem kleinen Rondell. Dort biegen wir rechts ab und überqueren die A 46. Auf dem Radweg fahren wir links bergab, ein Stück am Ufer des Unisees entlang und rollen zwischen See und Wohngebiet weiter. Mit einem Rechts-links-rechts-Schlenker geht es über den Nöggerathweg auf den Fuhlrottweg.

Kilometer: 44,8
Höhenmeter: 50
Stunden: 5
RUNDTOUR

So gelangen wir zum Deich des ❷ **Brückerbachs.** Wir fahren auf den Deich und radeln zwischen dem Botanischen Garten und dem Brückerbach entlang. Bei der zweiten Brücke an den Fischtreppen biegen wir rechts ab und fahren neben dem Mäuerchen am Deich. An der Weggabelung rollen wir geradeaus und mit Schwung durch die Unterführung der Münchener Straße. Wir sind jetzt schon in Himmelgeist und fahren auf der **Himmelgeister Landstraße** nach links in den Stadtteil mit stark dörflichem Charakter. An der nächsten Kreuzung biegen wir rechts in die Straße Maikammer, dann wieder rechts in die Straße Alt-Himmelgeist und schließlich links in die Nikolausstraße ab. Wir radeln hinein in das ❸ **Naturschutzgebiet Himmelgeister Rheinbogen.**

*Die Auenlandschaft im **Himmelgeister Rheinbogen** gehört wegen ihres Reichtums an Pflanzen und Tieren zu den sehr wertvollen Lebensräumen in Düsseldorf. Die Auen sind vor allen Dingen auch ein wirkungsvoller Hochwasserschutz.*

Etwa 100 Meter hinter der Kirche St. Nikolaus fahren wir an einer Gabelung nahezu geradeaus in eine Eichenallee und freuen uns über die wunderschöne Landschaft rechts und links des Wegs. Wir folgen dem

Brückerbach

Linksknick des Wegs und bleiben auf dem alten Rheindeich, der Itterdamm heißt, weil hier früher die Itter in den Rhein mündete. Beim Bau des Benrather Schlosses wurde das Flüsschen nach Benrath umgeleitet. Vorbei an einem kleinen Campingplatz geht es links ins Wiedfeld. An einer T-Kreuzung biegen wir rechts ab, bleiben auf dem Wiedfeld, bis wir zu Am Trippelsberg kommen. Hier machen wir eine scharfe Rechtskurve und fahren die Straße Am Trippelsberg entlang bis zur Reisholzer Werftstraße, in die wir rechts einbiegen. Vor uns sehen wir ein großes, frei stehendes altes Haus und eine alte Hafenanlage. Hier lohnt sich ein kleiner Stopp und ein Gang durch das alte Hafenambiente. Viele Künstler haben dort Ateliers und wenn die ❹ **Kunstgalerie Töchter & Söhne** geöffnet hat, empfiehlt sich ein **Cafébesuch** mit Kunst und dem besten Frankfurter Kranz in der ganzen Stadt.

Für die Seele
Naturschutzgebiete, ein großer Fluss, zwei Seen und ein Barockschloss – das ist Radelfreude pur.

Weiter geht es auf der Uferstraße über den asphaltierten Radweg flussaufwärts. Auf der linken Seite fahren wir an einem Wasserwerk vorbei und rechts können wir durchs Gebüsch einen Blick auf den Rhein werfen. Am Ende des Uferwegs kommen wir auf die Bonner Straße und biegen nach rechts ab. Hier heißt eine Straßenbahnhaltestelle ❺ **Schöne Aussicht,** und das ist eine exakte Beschreibung. Wir haben einen großartigen Blick auf den Rheinbogen und können hier auf jeden Fall schöne Fotos machen.

Weiter radeln wir über die Benrather Schloßallee und biegen an der nächsten Kreuzung rechts in die Pigageallee ein. Am Kopfweiher, der auch schon zum Benrather Schlossparkensemble gehört, schwenken wir links in die Meliesallee ein. Diese fahren wir bis zum Ende, folgen dem Linksknick und biegen rechts in die Benrather Schloßallee ein. Wenig später liegt die repräsentative Frontseite des ❻ **Benrather Schlosses** mit dem Schlossweiher vor uns. Wir rollen auf das

*Der **Schlosspark Benrath** ist Denkmalschutz und Naturschutz in einem. Von den 61 Hektar sind 45 Hektar als Naturschutzgebiet ausgewiesen. Der Gegensatz zwischen künstlich angelegten Gärten und Wald führt zu einem spannenden Widerspruch.*

Schlossgelände und bewundern wie viele Tausend Touristen jedes Jahr das prachtvolle Gebäude und seine Architektur. Beim Schlossbesuch kann man mit Filzpantoffeln über das hölzerne Parkett gleiten und das edle Interieur bestaunen. Sehr beliebt ist auch der **Benrather Schlosspark,** eine Mischung aus Gartenkunst und waldähnlichen Teilen. Im Park leben mehr als 80 Vogelarten und mehr als 300 Käferarten.

Jeder mag sich seinen Weg durch die verschlungenen Wege suchen. Insgesamt orientieren wir uns zum hinteren westlichen Ausgang an der Rheinseite. Am Benrather Schloßufer radeln wir links unter der schönen Lindenallee entlang, bis die Straße ihren Namen in Am Alten Rhein ändert, und biegen dann an der nächsten Ampel rechts ab in den Baumberger Weg. Wir haben schon etliche Kilometer hinter uns und so mag sich der Wunsch nach einer Getränkepause einstellen. Da kommt der schöne Biergarten des 7 **Restaurants Extratour Zum Alten Rhein** gerade zur richtigen Zeit.

Kopfweiden in der Urdenbacher Kämpe

Urdenbacher Kämpe

Mittlerweile haben wir schon das nächste Naturschutzgebiet erreicht, die **8 Urdenbacher Kämpe.** Rechts von der Straße gegenüber dem Biergarten sehen wir Düsseldorfs beliebteste Hochwasserstelle. Die Alte Itter und das Bett des Urdenbacher Altrheins fließen hier bei Hochwasser ungehindert von Deichen zu einem großen See zusammen, aus dem dann die großen Bäume ragen: ein ganz besonderes Naturschauspiel. Die Urdenbacher Kämpe ist mit ihren 364 Hektar das größte Naturschutzgebiet von Düsseldorf. Sie wurde in das europäische Schutzgebietssystem Natura 2000 aufgenommen und genießt seitdem internationalen Schutz. Neben seltenen Pflanzen- und Tierarten sind besonders die historischen Streuobstwiesen beliebt. Auf 20 Hektar wachsen mindestens 26 Apfel- und 21 Birnensorten an über 800 Apfel- und 400 Birnbäumen.

Kurz hinter dem Restaurant zweigen wir rechts in den Ortweg ab, Düsseldorfs zweite Fahrradstraße. Es ist immer ein besonderes Vergnügen, hier entlangzufahren. Die welligen Wiesen der Kämpe mit den landschaftstypischen Kopfweiden, die frei grasenden Kühe und die alten Obstbaumwiesen machen dieses Eckchen zu einem beliebten Ausflugsziel. An der Fähre vorbei radeln wir weiter durch die Kämpe, es wechseln sich Wiesen, Felder und Wälder ab. Wir atmen tief durch und genießen die Fahrt.

Am Baumberger Campingplatz Rheinblick fahren wir links in den Urdenbacher Weg und biegen dann direkt rechts in den nächsten Feldweg ein. An einer T-Kreuzung zweigen wir noch mal rechts ab, um dann links in die Straße Im Sträßchen einzuschwenken. Wir begleiten den linker Hand liegenden Baumberger Graben und fahren bis zum **Aussichtspunkt Blick in den alten Rhein.** Es ist faszinierend zu beobachten, wie sich diese Aussicht von Monat zu Monat den Jahreszeiten folgend verändert. Und irgendwo hier haben sich auch die **Biber** angesiedelt. 2023 wurde zum ersten Mal ein Pärchen in der Urdenbacher Kämpe gesichtet. Sehr zur Freude aller Düsseldorfer, die jetzt bei Spaziergän-

Reiher Garather Forst

gen oder Radtouren noch etwas genauer in Bäche, Teiche oder andere Gewässer gucken und nach dem beliebten Nager Ausschau halten.

Wir fahren weiter über den Radweg am Garather Mühlenbach entlang und radeln durch die Unterführung einer Bahnlinie und der A 59 bis zur Frankfurter Straße. Hier zweigen wir zunächst links ab, um die Straße bei der nächsten Ampel zu überqueren und in die Straße Am Kapeller Feld zu steuern. Die Straße zieht sich nordwärts an der Siedlung entlang, wobei wir zweimal rechts abbiegen müssen, um auf Am Kapeller Weg zu bleiben. Am Ende des Wegs gelangen wir in den **Garather Forst,** den wir in nördliche Richtung durchfahren. Wir folgen dem ausgeschilderten Radweg und gelangen über die Horster Allee bis zur Itter. Dort biegen wir links ab und rollen auf dem schönen Radweg links neben der Itter entlang, die an einem See vorbeifließt. Der Weg geht bis zur Autobahn. Hier müssen wir kurz links und dann rechts unter der A 59 durchfahren. Wir halten uns dahinter rechts, radeln über Am Buchholzer Busch und dann rechts wieder unter der A 59 hindurch auf die Hildener Straße. Auf der anderen Seite sehen wir schon den Weg in den Wald und steuern zur Querungshilfe, um die Hildener Straße zu kreuzen. Jetzt rollen wir in den **Forst Benrath** und fahren in nördliche Richtung bis zur L 85. Diese überqueren wir, radeln in den Wald und halten uns nach wenigen Metern rechts. Auf dem Radweg bleibend, kommen wir so zu S-Bahn-Gleisen, an denen wir links entlang bis zur Unterführung fahren und die Gleise unterqueren. Vor uns liegt nun der Dreiecksweiher. Die Insel dort heißt **Graureiher Insel** und wir gucken mal, ob hier der Name Programm ist.

Am See fahren wir links weiter und können dort an dem **Aussichtspunkt Dreiecksweiher** einen Blick über den See werfen. Wir rollen weiter geradeaus und folgen dem Radweg bei seinen Kurven nach rechts und etwas später nach links. Und wieder lohnt sich ein

Nach 200 Jahren ist der Baumeister des Wassers zurück. Düsseldorf freut sich tierisch über den Wiedereinzug von ***Bibern.*** *Der Urdenbacher Altrhein wurde 2013 renaturiert. 10 Jahre später war das Fleckchen dann auch für ein Biberpärchen gut genug.*

Stopp bei einem Aussichtspunkt: Diesmal können wir einen Blick auf den Elbsee werfen. Falls wir bei so viel Wasser Lust bekommen, selbst ins Wasser zu springen, können wir das etwas später auch tun. Dazu fahren wir am See vorbei und vor den Gleisen rechts weiter bis zur Autobahnunterführung der A 46. Vorbei am Modellbahnclub Düsseldorf biegen wir Am Kleinforst rechts ab und überqueren den Eselsbach. Hier beginnt das Gelände des **Unterbacher Sees.** Der **Südstrand** ist ein beliebtes Freibad im See und wir können die Gelegenheit für eine Abkühlung im Wasser nutzen.

*Der **Unterbacher See** ist 1956 aus einer Kooperation der vier Städte Erkrath, Hilden, Mettmann und Düsseldorf entstanden. Aus einem ehemaligen Baggerloch wurde ein attraktives Naherholungsgebiet für Wanderer, Radler, Segler und andere Wasserratten.*

Eine neue Attraktion ist auch der Kletterpark **querfeldein Hochseilgarten Düsseldorf** direkt neben unserer Route. Am See zweigen wir links ab, fahren neben dem See bis in den Wald und dann über den Radweg parallel zur Straße Am Kleinforst bis zum Kikweg. Dort wenden wir uns links und überqueren die Brücke über die Gleisanlagen. Vom Kikweg biegen wir links in die Straße In der Elb, überqueren den Eselsbach und folgen dem Straßenverlauf nach rechts in ein Wohngebiet. Wir kreuzen die Deutzer Straße und fahren durch den Eller Schlosspark, wo wir uns erst halb rechts halten, am Schloss entlang radeln und uns dahinter links orientieren, um am Vogelschutzweiher vorbei zur Unterführung unter die Bahngleise zu gelangen. Dahinter fahren wir rechts neben den Bahngleisen, bis wir erneut zum **Eselsbach** kommen, den wir links abbiegend begleiten. Der Eselsbach hat seinen Namen daher, dass Kies und Sand aus dem Baggerloch anfangs mit Eseln nach Düsseldorf transportiert wurde. Die Unterbacher verehren den Esel im Karneval mit ihrem Karnevalsruf „I-Aah“.

An seiner Mündung in die Südliche Düssel fahren wir über die Brücke und radeln gemütlich über die Grünanlage des Werstener Deckel, nun an der Düssel entlang. Am Werstener Kreuz bleiben wir nördlich der A 46, queren an der Ampel die Kölner Landstraße und gelangen auf der gegenüberliegenden Seite in den Südpark. An einem Rondell biegen wir rechts ab und lassen uns abwärts bis zum Deichsee rollen, vor dem wir uns links halten. Am **Café Südpark** und dem Streichelzoo geht es rechts vorbei in die Parkanlagen. Hier schlängelt sich der Weg gemütlich durchs Parkgelände bis zu den Düsselteichen. Dort fahren wir links an der Ballonwiese vorbei durch den Volksgarten zurück zu unserem Startpunkt.

Zum Abschluss der Tour kann man das 9 **Restaurant emmafisch** besuchen. Das Lokal mit dem außergewöhnlichen Ambiente liegt direkt neben dem Volksgarteneingang an der Emmastraße und bietet sowohl empfehlenswerten Fisch als auch Tapas.

Südpark im Frühjahr

Unterbilk
Oberbilk
Lierenfeld
Vennhausen
Unterbach
Hochdahl
Hamm
Düssel
Eller
Unterfeldhaus
Bilk
Süd-park
Deichsee
Düsseldorf
Kikweg
Eller Forst
Unterbacher See
Eselsbach
Deutzer Straße
Am Kleinforst
Flehe
Unisee
Münchener Straße
Hühnergraben
Volmerswerth
Kölner Landstraße
Wersten
Hassels
Elbsee
Hildener Stadtwald
Hoxbach
Rhein
Uedesheimer Rheinbogen
Ickerswarder Straße
Hasseler Forst
Holthausen
Reisholz
Grimlinghausen
Hilden
Hülsenstraße
Himmel-geist
Bonner Straße
Forst Benrath
Itter
Benrath
Uedesheim
Karnap
Itterbach
Schlosspark Benrath
Zonser Grind
Himmelgeister Rheinbogen
Urdenbach
Garath
Am Kapeller Feld
Garather Mühlenbach
Garather Forst
Urdenbacher Altrhein
Urdenbacher Kämpe
Allerheiligen
Stürzelberg
Am Ausleger
Frankfurter Straße
Delrath
Dormagen
Heller-hof
Richrath
Im Sträßchen
Zons
Baumberg

ALLES AUF EINEN BLICK

Entspannung
Abenteuer
Vielfalt

WIE & WANN

Tour mit vielen asphaltierten und guten Radwegen, wenig Autoverkehr. Beste Zeit: März bis Oktober. Im Sommer empfehlt es sich, Badesachen einzupacken.

HIN & WEG

Auto: Parkplatz an der Sportanlage in der Nähe des Volksgartens, Feuerbachstraße, 40223 Düsseldorf (Bilk)
ÖPNV: Haltestelle Volksgarten oder Bahnhof Düsseldorf-Bilk

ESSEN & ENTSPANNEN

4 **Galerie und Café Töchter & Söhne,** Reisholzer Werftstraße 73, 40589 Düsseldorf (Holthausen), Tel. (01 73) 5 23 05 40

7 **Restaurant Extratour Zum Alten Rhein,** Drängenburger Straße 4, 40593 Düsseldorf (Urdenbach), Tel. (02 11) 72 13 45 66, www.extratour-urdenbach.de

9 **Restaurant emmafisch,** Emmastraße 25, 40227 Düsseldorf (Oberbilk), Tel. (02 11) 56 16 88 58, www.emmafisch.com

ENTDECKEN & ERLEBEN

1 **Rhododendronweg im Volksgarten**
2 **Brückerbach**
3 **Naturschutzgebiet Himmelgeister Rheinbogen**
5 **Schöne Aussicht**
6 **Benrather Schloss**
8 **Urdenbacher Kämpe**

Trassenzauber

Nordbahntrasse und Hattingen

Unsere heutige Tour führt uns über beliebte ehemalige Bahntrassen, die Panoramaausblicke auf die Stadt mit einer großen Portion Industrieromantik und Altstadtflair mit renaturierten Flussufern verbinden.

Wir starten am **Bahnhof Wuppertal-Vohwinkel.** Hier ist es etwas kniffelig, die Nordbahntrasse zu finden. Die Stadt Wuppertal hat aber versprochen, ihr einzigartiges Premiumprodukt für den Radverkehr bald besser auszuschildern. Wir verlassen das Bahnhofsgebäude und unterqueren auf der Bahnstraße die Bahngleise nach links. Dahinter biegen wir bei der ersten Möglichkeit nach rechts ab und fahren zu einem Supermarkt hinauf, auf dessen Parkplatz wir rechts einschwenken. Über eine Brücke queren wir die Bahnstraße, rollen zunächst über den P+R Parkplatz und dann weiter entlang der Bahngleise. Hier radeln wir immer geradeaus, bis wir an die Herderstaße gelangen und nach links über eine Brücke wieder auf die andere Seite der Gleise fahren. Direkt dahinter biegen wir nach rechts neben einer Skateranlage auf den Radweg ab. In einer Kurve fahren wir nun direkt auf unser Wunschziel zu. Hier beginnt die berühmte **Wuppertaler Nordbahntrasse.** Ein Blick nach links zeigt, wie alles einmal ausgesehen haben muss. Zugewachsene Gleise, Gestrüpp: alles unpassierbar.

Die 22 Kilometer lange ***Nordbahntrasse*** *ist das beste Beispiel dafür, dass Radfahrer kommen, wenn man Radwege baut. Seit Inbetriebnahme 2014 wachsen die Nutzerzahlen kontinuierlich. Schon 2015 gab es den Deutschen Fahrradpreis für Infrastruktur.*

Der Bürgerinitiative Wuppertal Bewegung e.V. haben wir es zu verdanken, dass die Nordbahntrasse heute so aussieht, wie wir sie nun sehen: durchgängig asphaltiert, breit genug für einen Zweirichtungsradweg, meis-

Kilometer: 55
Höhenmeter: 80
Stunden: 5
STRECKE

Bahnhof Varresbeck

tens mit Extrawegen für Fußgänger. Das ist einzigartig in Nordrhein-Westfalen. Ab jetzt können wir immer der mit einem grünen Viadukt markierten Trasse folgen. Es ist hier fast unmöglich, sich zu verfahren.

Auf und neben der Trasse gibt es viele verschiedene Möglichkeiten, sich sportlich zu betätigen: direkt am Anfang zum Beispiel einen Sportplatz für Bogenschießen. Eine weitere Besonderheit sind die vielen ehemaligen Bahnhöfe, an denen wir vorbeifahren. Bei manchen stehen nur noch die Schilder, bei anderen existieren noch die kompletten Bahnhofsbauten. Oft sind diese zu Cafés oder Biergärten umgebaut. Eine Zweitnutzung, die für uns die Tour besonders attraktiv macht. Auch sonst haben sich Restaurants, Bars und Kneipen entlang der Strecke angesiedelt. Hinter dem Haltepunkt Lüntenbeck unterfahren wir die A 535 und gelangen zum ❶ **Bahnhof Varresbeck.** Hier gibt es seit 2023 einen neuen **Biergarten.** Wir werden natürlich niemals am Ende der Nordbahntrasse ankommen, wenn wir alle Biergärten testen, aber hier lohnt sich auf jeden Fall ein Besuch. Bei einem Getränk im Schatten kann man einen über 150 Jahre alten Spitzahorn bewundern, der unter Naturschutz steht.

Für die Seele

Eine große Portion Industrieromantik auf der Nordbahntrasse und on top eine Kostprobe des RuhrtalRadwegs.

Bei unserer Weiterfahrt kommen wir nun auch zum ersten von mehreren Tunneln, die uns die Fahrt durchs Bergische Land so wunderbar einfach machen. Keine Steigungen, maximal 2 Prozent leicht bergauf. Das ist bestes entspanntes Bahntrassenradeln. Der Dorp-Tunnel hat eine beachtliche Länge von über 480 Metern und leitet uns unter der A 46 und einem angrenzenden Wohngebiet hindurch. Viele schöne und kunstvolle Graffitis zieren die Nordbahntrasse. Nachdem wir den Bahnhof Ottenbruch passiert haben, stoßen wir bald auf die Graffiti Hall of Fame, in der regelmäßig neue Kunstwerke dazukommen. Wir rollen anschließend durch den **Pina-Bausch-Tanztunnel** und erreichen den mittlerweile legendären **Mirker Bahnhof.** Man kann diesen Bahnhof und den Verein Utopiastadt als das Herz der Nordbahntrasse bezeichnen. Mit seinem soziokulturellen Engagement hat der Utopiastadt e. V. viele Preise erhalten. Ein Stopp am Mirker Bahnhof und ein Besuch des **❷ Café Hutmacher** dürfen auf keiner Nordbahntrassentour fehlen. Parallel zu uns verläuft auf diesem Streckenabschnitt eine Draisinenbahn, auf der man in Sommer Touren unternehmen kann. Sehr beeindruckend sind auch die vielen Viadukte, die einen großartigen Panoramablick auf Wuppertal ermöglichen. Ein Fotostopp ist hier angesagt.

Hinter dem Bahnhof Wichlinghausen weitet sich das Gelände und wir kommen zum Bergischen Plateau. Hinter einer großen öffentlichen Freizeitsportanlage sehen wir das **Wicked Woods.** Dort sollten wir einen kurzen Stopp machen, da man den Abzweig zur Schwarzbachtrasse sehr gut sehen kann. Eine große Fischbauchbrücke überspannt das tiefe Tal und der Radweg dort geht scheinbar mitten durch die Wohnhäuser. Die Halle von Wicked Woods wird besonders von Kindern und Jugendlichen zum BMX- und Rollerfahren sowie zum Skaten genutzt. Das **❸ Café Nordbahntrasse** ist ein Projekt des diakonischen Werkes zur Wiedereingliederung von Menschen, die länger arbeitslos waren. Es gibt dort auch sehr guten Kaffee und selbst gebackenen Kuchen.

Die Nordbahntrasse verläuft nun durch ein Wohngebiet. Wir fahren bis zum Ende der Straße und biegen dort links in die Luhnsstraße ein. Am Diek radeln wir nach rechts und rollen bis zur Kreuzung. Wir fahren auf dem Radweg entlang der Straße **Vor der Beule** und biegen an der Wittener Straße leicht rechts ab, um dort wieder auf die ursprüngliche Trasse zu gelangen.

Nun kommen wir durch den Felseinschnitt Bramdelle. Rechts und links von uns ragen hohe gemauerte oder natürliche Felswände in die Luft. Hier bekommt man einen guten Eindruck, wie viel Material beseitigt werden musste, um diese Bahnstrecke zu bauen. Die Strecke macht einen großen Bogen und taucht dann plötzlich mitten in den Wald ein. Die Brücke Bracken ist als letzter Lückenschluss zur Vollendung der Nordbahntrasse dazugekommen. So radelt man heute gemütlich durch die Natur und kann die schönen Ausblicke genießen.

Unser nächstes Highlight ist der 4 **Fledermaustunnel Schee,** der mit 722 Metern der längste Tunnel an der Nordbahntrasse ist. Seit 2014 ist er als Rad- und Fußgängertunnel freigegeben. Er entpuppt sich auch als Gesteinsmuseum, das anhand der entstandenen Ablagerungen einmalig zusammenhängend die Erdgeschichte zeigt. Bei Dämmerung fliegen Alpenfledermaus, Kleiner Abendsegler, Wasserfledermaus, Zwergfledermaus, Großes Mausohr, Rauhautfleder-

In den beiden Röhren des ***Schee-Tunnels*** *wurde in einem Gutachten 2009 von Professor Skiba von der Bergischen Universität die höchste Artenvielfalt und Individuenzahl an Fledermäusen in Deutschland gemessen.*

Schee-Tunnel

Historische Altstadt Hattingen

maus und Teichfledermaus auf der Suche nach Futter durch die Röhren. Zum Glück hat dieser Tunnel zwei Röhren, sodass die Fledermäuse eine Röhre für sich haben und die Radler die andere. Allerdings halten sich die Fledermäuse nicht immer an diese Aufteilung und so können uns in der „Radfahrerröhre" schon mal Fledermäuse begegnen. Eine weitere Besonderheit im Tunnel ist die **Wasserscheide** zwischen Wupper und Ruhr. Kurz vor Ende des Tunnels ist auf der linken Seite dieser Punkt mit den Wappen von Wuppertal und Sprockhövel gekennzeichnet.

Nach der erfrischenden Kühle des Tunnels rollen wir hinab zum Bahnhof Schee. Spätestens jetzt merken wir, dass wir bis hierhin zwar leicht, aber stetig bergauf gefahren sind. Wir befinden uns jetzt auf der **5 Glückauf-Trasse** und es macht richtig Spaß, den ganzen Weg bis Hattingen locker bergab zu sausen. Auch die Glückauf-Trasse ist durch viel ehrenamtliches Engagement entstanden. Der Verein Glückauf-Trasse e. V. organisiert jährlich die „Kaffeetrasse", bei der Initiativen und Menschen aus der Nachbarschaft zum Kaffee und Plauschen einladen. Den Termin sollte man sich im Kalender vormerken.

Die Glückauf-Trasse führt uns durch eine malerische, leicht hügelige Landschaft mit vielen Wäldern und Wiesen. Eine Fahrt zum Entspannen und Durchatmen: Urlaubsfeeling pur. Vor dem Schulenburgtunnel verlassen wir die Glückauf-Trasse links und unterfahren sie. Vor der Bredenscheider Straße halten wir uns links und gelangen nach wenigen Metern auf die Friedrichstraße. Auf ihr rollen wir durch die ruhige Wohnstraße, bis wir an die Martin-Luther-Straße kommen. Diese überqueren wir und kommen so in die **6 historische Altstadt von Hattingen.** In der Altstadt ist das Radfahren nicht erlaubt, aber schiebend kann man ohnehin die vielen schönen Fachwerkhäuser besser bewundern. Berühmt sind vor allem das Bügeleisenhaus, der Glockenturm und das Alte Rathaus.

***Hattingen** ist älter als das Ruhrgebiet. Die historische Altstadt hat über 150 mittelalterliche Fachwerkhäuser und einen idyllischen Ortskern. Als beliebtes Ausflugsziel findet man dort viele Restaurants für eine ausgedehnte Pause.*

Heckrinder sind eine in den 1920er-Jahren gezüchtete Hausrinderrasse. Auf der renaturierten Ruhrschleife bei Hattingen werden die halbwilden Rinder ganzjährig draußen zum Schutz der Auen und der Hochwasserschutzfläche gehalten.

Anschließend geht unsere Fahrt weiter in Richtung Ruhr. Dazu begeben wir uns zurück zur Martin-Luther-Straße und wenden uns, die Altstadt im Rücken, nach rechts in Richtung Bochum zur Ruhrbrücke. Vor der Brücke müssen wir darauf achten, die Ruhr nicht zu überqueren. Stattdessen schwenken wir kurz vorher nach rechts in den **RuhrtalRadweg** ein. Auf dem alten Leinpfad fahren wir unter der Brücke durch und kommen an eine der schönsten Stellen des Ruhrtal-Radwegs. Der Weg verläuft direkt neben dem Fluss, an manchen Stellen kann man auch die Füße zur Abkühlung hineinhalten. Wir gelangen an die **7 Ruhrschleife Hattingen** mit dem Blick auf den alten Steinbruch und die Ruine der Isenburg. Auf der anderen Seite grasen gemütlich die sogenannten **Heckrinder,** die für das Laienauge aussehen wie Auerochsen. Tatsächlich orientierte sich die Züchtung der Gebrüder Heck als soge-

Ruhrschleife bei Hattingen

nannte Abbildzüchtung am Erscheinungsbild der Auerochsen. Auch über 120 Vogelarten können in diesen Auen ungestört brüten.

Bei gutem Wetter ist diese Stelle durch wenige Urlaubsdestinationen zu toppen. So macht Radfahren Spaß. Nur ab und an muss man vielleicht mal einer Kanadagans ausweichen. Die Strecke verläuft südlich von Bochum immer nach Westen und so kommen wir nach Essen-Steele, wo wir die Ruhr überqueren. Direkt hinter der Brücke geht es links weiter am Fluss entlang. Hier teilt man sich den Weg mit Fußgängern, die die Wiesen für Picknicks nutzen. Am Knotenpunkt (KP) 51 biegen wir in den **Gruga-Radweg** ein. An der alten Bahntrasse am Bussardweg wenden wir uns nach links ab und fahren über die Straße Waldsaum zur Angerstraße, in die wir rechts einbiegen. Dann noch mal nach links in die Ahornstraße und hier sehen wir etwas versteckt den S-Bahnhof von Essen-Stadtwald, das Ziel dieser ebenso entspannenden wie ereignisreichen Tour.

Essen
Eppendorf
Bochum
40
52
448
Huttrop
Steele
Weitmar
Berger-
hausen
Grugaweg
Horst
Dahlhausen
Stiepel
Über-
ruhr-
Hinsel
Linden
Weitmarer
Holz
Relling-
hausen
Stadtwald
Kemnader
See
Burg-
altendorf
Schellenberger
Wald
227
Ruhr
Winz-
Baak
Welper
Blanken-
stein
Baldeneysee
Heisingen
Byfang
Nieder-
wenigern
Leinpfad
Isenbergstraße
Hattingen
Holthausen
Kupferdreh
Nieder-
bonsfeld
7
6
Nierenhofer Straße
224
43
Hammer
Mark
44
Bredenscheider Straße
Breden-
scheid
Nierenhof
Sprockhövel
Wodantal
Wuppertaler Straße
Bossel
Kreiswald
Velbert
535
5
Schee
4
Mollenkotten
Nächste-
breck
46
Wichling-
hausen
Uellendahl
Wülfrath
Sedans-
berg
3
Langer-
feld
Katernberg
Barmen
Nordbahntrasse
2
Varres-
beck
Wupper
Barmer Wald
7
1
Wuppertal
7
Bahnstraße
Vohwinkel
46
P
Osterholz
1
228
224

ALLES AUF EINEN BLICK

Entspannung 5/5
Abenteuer 3/5
Vielfalt 5/5

WIE & WANN

Asphaltierte Radwege auf der Nordbahntrasse und dem RuhrtalRadweg, Feldwege auf der Glückauf-Trasse. Beste Zeit: April bis Oktober. Achtung: Unbedingt vorher Lichtanlage überprüfen, in vielen Tunneln wird Licht benötigt!

HIN & WEG

Auto: P+R Parkplatz am Bahnhof Wuppertal-Vohwinkel, 42329 Wuppertal (Vohwinkel)
ÖPNV: Bahnhof Wuppertal-Vohwinkel, am Ziel: Bahnhof Essen-Stadtwald

ESSEN & ENTSPANNEN

1. **Biergarten Bahnhof Varresbeck,** Benrather Straße 42, 42115 Wuppertal (Elberfeld-West), Tel. (02 02) 76 71 96 50, www.bahnhof-varresbeck.de
2. **Café Hutmacher beim Mirker Bahnhof,** Mirker Straße 48, 42105 Wuppertal (Elberfeld), Tel. (02 02) 39 34 86 57
3. **Café Nordbahntrasse,** Langobardenstraße 65, 42277 Wuppertal (Oberbarmen), Tel. (02 02) 9 80 65 53

ENTDECKEN & ERLEBEN

4. **Fledermaustunnel Schee**
5. **Glückauf-Trasse,** www.glueckauf-trasse.org
6. **Historische Altstadt Hattingen**
7. **Ruhrschleife Hattingen**

Schlossweiher Benrath

Urlaubsfeeling

Zwei-Fähren-Tour am Niederrhein

Bei dieser Tour fahren wir zweimal mit einer Fähre über den Rhein. Wir besuchen die historische Altstadt in Zons, genießen die Biergärten in der Monheimer Altstadt und werfen dort erstaunt unseren Blick auf die ersten autonom fahrenden Busse. Die Route führt uns durch eine typische Niederrheinlandschaft mit dem schönen großen Fluss als unserem ständigen Begleiter.

Unsere Tour beginnt am Bahnhof Düsseldorf-Benrath. Wir starten am Bahnhofsvorplatz, am Knotenpunkt (KP) 55 und fahren über die Heubesstraße in westliche Richtung zum **Benrather Schloss.** Auf der Benrather Schloßallee umrunden wir den Schlossweiher und bewundern das Schloss von allen Seiten. An der Straßenbahnhaltestelle Schloss Benrath überqueren wir die Straße, fahren auf den Schlossplatz und können schon die ersten schönen Fotos machen. Das berühmteste Schloss Düsseldorfs besuchen wir auf den Touren 8 und 12. Auf dieser Tour fahren wir an dem prächtigen Gebäude nur vorbei, direkt in den Schlosspark. Über die Hauptallee gelangen wir zum Rondell, nehmen die südöstliche Achse und kommen kurze Zeit später an das Benrather Schloßufer mit seiner prächtigen Lindenallee. Wir radeln diese südwärts, bis sie an einer T-Kreuzung auf die Urdenbacher Dorfstraße stößt. Dort biegen wir rechts ab und sehen auf der rechten Seite bereits das sumpfige Gelände des Urdenbacher Altrheins. Bei Hochwasser trifft sich dort die ganze Stadt, weil dies eine der schönsten Stellen für Hochwassertourismus ist.

Kilometer: 38
Höhenmeter: 40
Stunden: 4,5
RUNDTOUR

Alte Windmühle in Zons

Mit etwas Glück kann man in der Urdenbacher Kämpe und im Naturschutzgebiet auf der anderen Rheinseite den ***Pirol*** *entdecken. Der leuchtend gelbe Singvogel ist Wappenvogel des Adelsgeschlechts derer von Bülow und heißt auf Französisch Loriot.*

Wer mit der ***„Niederrhein"*** *fährt, ist bei Rheinkilometer 718 auf eine Fähre gestiegen. Sie pendelt zwischen Zons und Urdenbach täglich im Sommer wie im Winter hin und her. Radler sparen so 13 Kilometer Umweg über die Fleher Brücke. Sehr entspannend!*

Hinter dem KP 01 biegen wir rechts in den Ortweg ab und fahren in das **Naturschutzgebiet Urdenbacher Kämpe.** Wir rollen nun über eine der beiden Düsseldorfer Fahrradstraßen und genießen es, zu zweit nebeneinander zu fahren. Rechts und links des Wegs sind alte Obstbaumwiesen. Viele Hochwasser haben ein leicht welliges Terrain geformt, Kopfweiden prägen die Landschaft und wir freuen uns über das Vogelgezwitscher. Angeblich gibt es dort auch **Pirole,** die als wahre Meister des Versteckens gelten.

Die Fahrradstraße Am Ausleger führt uns zur ersten Attraktion dieser Tour, die **❶ Fähre Urdenbach–Zons.** Wir schippern mit der Fähre **„Niederrhein"** hinüber und sehen schon die Stadtmauern der alten Stadt **Zons.** Am Rhein begegnen wir überall Hochwassermarken, die uns zeigen, wie hoch das Wasser bei verschiedenen Hochwasserereignissen gestiegen ist. Das Frühjahrshochwasser von 1784 sprengt dabei bis heute alle Höhenrekorde. Ursache dafür war ein monatelanger Vulkanausbruch in Island, der unter anderem einen sehr kalten Winter mit enormem Eisgang zur Folge hatte und unvermittelt in eine plötzliche Schneeschmelze überging.

Wir fahren nun nach Zons und direkt vor der Stadtmauer wartet bereits die beste Eisdiele dieser Tour auf uns, das **2 Eisverliebt by Eiscafe am Rheinturm.** Neben dem außergewöhnlich köstlichen Eis ist auch die liebevoll gestaltete Terrasse ein Grund für eine kleine Pause. Wer das Städtchen noch nicht kennt, sollte unbedingt etwas Zeit einplanen und einen Spaziergang durch die Vergangenheit machen. Zu entdecken gibt es neben den alten verwinkelten Gässchen auch ein Falknereimuseum, eine alte Windmühle und das repräsentative Alte Zollhaus.

Für die Seele

Mit zwei Fähren über den Rhein schippern und gemütlich die mittelalterliche Stadt Zons erkunden.

Weiter geht es dann anschließend über die Deichstraße bis ans südliche Ende des kleinen Städtchens. Dort biegen wir nach links in die Wiesenstraße, die uns wieder zum Rheindeich führt. Hier fahren wir nach rechts, bis wir an der nächsten Möglichkeit an einer Spitzkehre links abbiegen und so noch näher an den Rhein kommen. Wir radeln ungestört über diesen **alten Leinpfad** und genießen die Fahrt durch die Niederrheinlandschaft mit den großen Pappeln und dem

Rheinfähre Urdenbach–Zons

Schelmenturm mit Automatikbus

Blick auf den großen Fluss. So kommen wir zum **3 Landgasthaus Piwipp,** einem Biergarten-Restaurant, das direkt an einer alten Fähre liegt. Es bietet eine großartige Sicht auf den Fluss, sodass man hier bestens bei Speis und Trank dem Treiben auf dem Rhein zuschauen kann.

Gut erholt fahren wir auf der Piwipper Straße zunächst weg vom Fluss und gelangen wieder auf den Rheindeich, wo wir links einbiegen und weiter in südliche Richtung radeln. Am Ende des Wegs kommen wir zur B 9, der Neusser Landstraße, die wir überqueren und wo wir uns dann nach links wenden. Hier müssen wir eine Strecke neben der Straße fahren, allerdings ist der Radweg gut ausgebaut. Wir passieren zunächst rechter Hand die großen Chemiewerke von Dormagen und bleiben auf der Teilstrecke des Rheinradwegs EuroVelo 15, der uns nach Worringen führt. Dies ist schon ein nördlicher Stadtteil von Köln. Kurz nachdem die Neusser Landstraße rechts abzweigt, wird der Radweg auf die linke Straßenseite weitergeführt. Hier ist das Radfahren auf einer alten Allee wieder sehr angenehm. Am Langeler Damm biegen wir nach links ab und verlassen die Bundesstraße wieder.

Unsere Fahrt führt nun durch das **Naturschutzgebiet Rheinaue Worringen–Langel.** Zwischen dem Rhein und dem Deich, auf dem wir fahren, erstrecken sich ausgedehnte Grünlandflächen, die aus Hart- und Weichholzauenwäldern bestehen. Einige Tümpel und Altgewässer reichern die Landschaft an. Mit etwas Glück kann man hier den Schwarzmilan kreisen sehen und es soll auch hier Pirole geben. Der kleine Wiesenpieper nutzt die geschützten Wiesen für seine Brut. Am Ende des Deiches erreichen wir Köln-Langel, biegen links ab und rollen über den Hitdorfer Fährweg hinab zur **4 Rheinfähre Langel–Hitdorf.** Diese beliebte Fährverbindung ist fast das ganze Jahr über in Betrieb.

Mit der Fähre setzen wir über und befinden uns nun wieder auf der rechten Rheinseite in Leverkusen-

Hitdorf. Falls wir hier Lust auf eine Pause haben, bietet sich der große **5 Biergarten Zur Hitdorfer Fähre** direkt hinter der Fähre an. Wir biegen links auf die Wiesenstraße ab und fahren nun wieder in nördliche Richtung. Links liegt der Rhein mit dem **Hitdorfer Yachthafen** und rechts erblicken wir hübsche alte, ehemalige Fischerhäuser. Wir radeln entlang der Rheinstraße auf dem Radweg. Am Ende des Wegs überqueren wir die Hitdorfer Straße und folgen weiter dem Radweg EuroVelo 3. Wir umrunden einen Kreisverkehr und fahren entlang der Rheinuferstraße. Ein alter Turm und ein Industriegebiet liegen rechts von uns.

Hinter der Rechtskurve der Straße müssen wir aufpassen, um den Abzweig nach links zum Heilerberg neben dem Reiterhof Gut Blee nicht zu übersehen. Wir rollen weiter durch die herrliche Niederrheinlandschaft direkt am Rhein entlang und bleiben immer auf dem Rheindamm in Richtung Monheim. Wenn die Stadt Monheim in Sichtweite ist, verlassen wir den Damm nach rechts und fahren durch den Landschaftspark Rheinbogen in Richtung **Monheimer Altstadt.** An der Bleer Straße biegen wir nach links ein und wenige Meter weiter nach rechts in die Frohnstraße. Die erste Straße links ist die Franz-Boehm-Straße, die uns direkt in die Altstadt führt. Auch hier lohnt sich gerade für **Biergartenliebhaber** eine Pause mit einem Spaziergang zum Schelmenturm und einem Besuch der schönen Cafés und Biergärten auf dem autofreien alten Marktplatz, zum Beispiel im **6 Biergarten Zollhäuschen.**

*Monheim ist für **Biergartenliebhaber** besonders geeignet. Restaurants, Brauereien oder sogar eine Almhütte sind kulinarisch sehr unterschiedlich, bieten aber alle schöne Biergärten, manchmal auch mit Aussicht auf den Rhein. Immer eine Pause wert.*

In Monheim kann man dann ab und an die autonom fahrenden Busse sehen. Die Stadt ist stolz darauf, europaweit die erste Kommune zu sein, die diese Busse im Linienbetrieb einsetzt. Die Busse zuckeln gemütlich durch die Stadt und verbinden die Altstadt mit dem Busbahnhof. Eine weitere Besonderheit sind die vielen Kunstwerke, die innerhalb der Stadt im öffentlichen Raum aufgestellt sind. Namhafte Künstler wie Markus Lüpertz, Tony Cragg, Thomas Stricker, die Künstlergruppe Inges Idee, Saman Hidayat und einige andere finden sich im Stadtbild. Es gibt „Rheingeister“, einen 7 **Geysir,** Kreisverkehre als Plattenspieler und ziemlich viele verschiedene Gänse. Kurz: Es gibt viel zu entdecken.

Nach diesen vielfältigen Eindrücken geht unsere Fahrt weiter flussabwärts am Rhein entlang der Rheinpromenade. Vor einem Kreisverkehr biegen wir links ab und folgen weiter der EuroVelo-Route. Dort finden wir auch die drei roten 8 **„Rheingeister“** der Künstlerin Elke Tenderich-Veit. Der Weg geht durch die Wiesen entlang des Rheins. An einer Weggabelung mit einem großen Insektenhotel halten wir uns links. Wir kommen nun nach **Baumberg** und können am Ufer ein altes Segelschiff, die Fiat Voluntas, bewundern. Darin befindet sich das 9 **Aalfischerei-Museum,** das unterhaltsam über die historische Aalfischerei auf dem Rhein informiert. Falls uns die Luft wegbleiben sollte, gibt es an dieser Stelle eine Fahrradreparaturstelle mit Werkzeug und Luftpumpe.

Kunst oder Naturspektakel? Der ***Geysir*** *von Monheim bricht zu einer 10 Meter hohen Fontäne aus. Wind, Sonne und Temperatur entscheiden, wann er ausbricht. Mit seinem Ausbruch legt er sogar den Verkehr lahm. Sehenswert!*

„Rheingeister“

Direkt hinter der Pannenhilfe und einem Trinkwasserspender fahren wir über einen Steg links etwas abwärts zu einem schönen, neu angelegten Radweg an einer Obstbaumwiese. Am Ende dieses Wegs biegen wir rechts in den Wald, nehmen hinter einer Trafostation den Weg links durch den Wald und kommen so am Campingplatz der Urdenbacher Kämpe heraus. Hinter dem Parkplatz des Campingplatzes fahren wir nach links in den Wald bis zu einem Feld, an dem wir rechts abbiegen. Der Weg führt an der nächsten T-Kreuzung rechts weiter direkt zur **⑩ Biologischen Station Haus Bürgel.** Hier arbeiten Biologinnen seit Jahren an der Renaturierung der Urdenbacher Kämpe. Im Jahr 2023 ist die Arbeit von besonderem Erfolg gekrönt: Eine Biberfamilie ist in die Kämpe eingezogen und wird hoffentlich ansässig. Am Baumberger Weg fahren wir links entlang der Straße über den straßenbegleitenden Radweg. Die Straße ist gesäumt von alten Weiden und mit etwas Fantasie kann man auf den Baumstämmen Gesichter erkennen.

Am Wanderparkplatz, den wir zuvor bereits einmal passiert haben, biegen wir nun nach rechts in die

Drängenburger Straße und fahren durch **Urdenbach.** Wir zweigen nach links in die Bücherstraße und folgen ihr geradeaus weiter, bis wir uns an der Straße Jägerei nach links wenden. Der Name Bücher kommt von dem Wort Buchen und ist für Sprachwissenschaftler ein Kennzeichen der sogenannten **Benrather Linie.** Vereinfacht gesagt ist das eine Grenze zwischen nord- und süddeutschen Dialekten. Wir genießen hier die Fahrt durch diesen ländlich geprägten Stadtteil Düsseldorfs. Viele alte Fachwerkhäuser geben dem Viertel einen dörflichen Charme und strahlen ein besonderes Flair aus. So gelangen wir zur Urdenbacher Dorfstraße, in die wir rechts einschwenken. Sie geht über in die Urdenbacher Allee und führt uns noch mal zum **Benrather Schlosspark,** wo wir uns parallel zur Urdenbacher Allee halten und zur Orangerie des Schlosses gelangen. Wir fahren durch den Schlosshof Benrath und bleiben rechts, bis wir wieder auf die Urdenbacher Allee stoßen und nach links in sie einbiegen. Dann radeln wir rechts in die Hildener Straße und zweigen nach links zum Bahnhof Benrath ab, wo unsere Tour endet.

Tipps für ein Bienenhotel

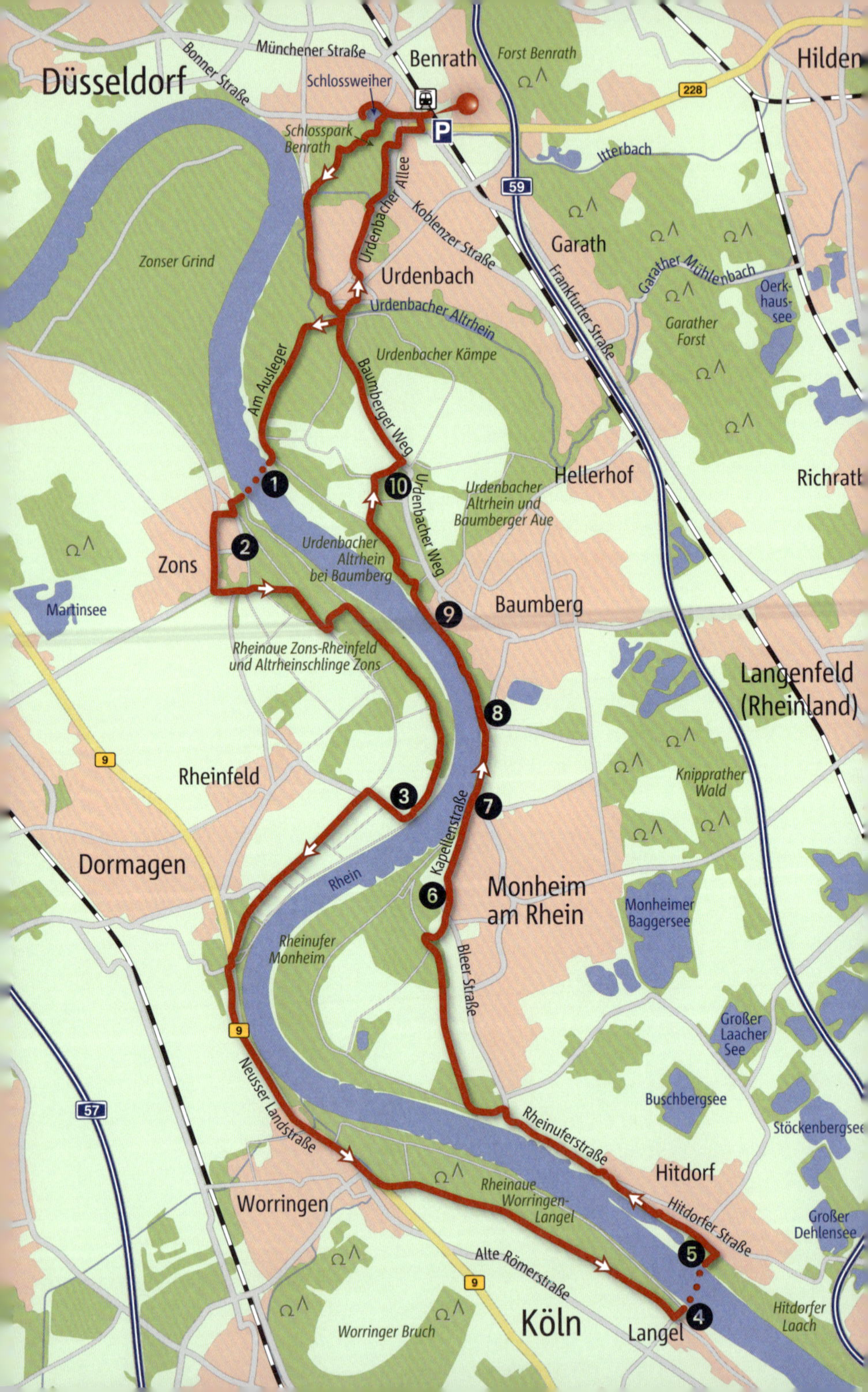
Düsseldorf
Münchener Straße
Bonner Straße
Benrath
Forst Benrath
Hilden
Schlossweiher
228
Schlosspark Benrath
Itterbach
59
Urdenbacher Allee
Koblenzer Straße
Garath
Zonser Grind
Urdenbach
Frankfurter Straße
Garather Mühlenbach
Oerk-haus-see
Urdenbacher Altrhein
Garather Forst
Urdenbacher Kämpe
Am Ausleger
Baumberger Weg
Hellerhof
Richratl
Urdenbacher Altrhein und Baumberger Aue
Urdenbacher Weg
Zons
Urdenbacher Altrhein bei Baumberg
Martinsee
Baumberg
Rheinaue Zons-Rheinfeld und Altrheinschlinge Zons
Langenfeld (Rheinland)
9
Rheinfeld
Knipprather Wald
Kapellenstraße
Dormagen
Rhein
Monheim am Rhein
Monheimer Baggersee
Rheinufer Monheim
Bleer Straße
Großer Laacher See
Neusser Landstraße
57
Buschbergsee
Rheinuferstraße
Stöckenbergsee
Hitdorf
Worringen
Rheinaue Worringen-Langel
Hitdorfer Straße
Großer Dehlensee
Alte Römerstraße
Hitdorfer Laach
Köln
Langel
Worringer Bruch
1
2
3
4
5
6
7
8
9
10
P

ALLES AUF EINEN BLICK

Entspannung

Abenteuer

Vielfalt

WIE & WANN

Gute Radwege, meist asphaltiert, wenig Autoverkehr. Beste Zeit: März bis Oktober.

HIN & WEG

Auto: P+R Parkplatz am Bahnhof Düsseldorf-Benrath, Hildener Straße 41, 40597 Düsseldorf (Benrath)
ÖPNV: Bahnhof Düsseldorf-Benrath

ESSEN & ENTSPANNEN

2 **Eisverliebt by Eiscafe am Rheinturm,** Vor dem Rheintor 1, 41541 Dormagen (Zons), Tel. (0 21 33) 7 45 23 65
3 **Landgasthaus Piwipp,** Haus Piwipp, 41539 Dormagen (Rheinfeld), Tel. (0 21 33) 21 92 29, www.haus-piwipp.de
5 **Café & Biergarten Zur Hitdorfer Fähre,** Fährstraße 1 f, 51371 Leverkusen (Hitdorf), Tel. (0 21 73) 94 20 76, https://hitdorferbiergarten.eatbu.com
6 **Biergarten Zollhäuschen Original Altstadt,** Zollstraße 2 a, 40789 Monheim am Rhein, Tel. (01 77) 4 67 55 22, www.biergarten-monheim.de

ENTDECKEN & ERLEBEN

1 **Fähre Urdenbach–Zons,** www.faehre-zons.de
4 **Fähre Langel–Hitdorf,** www.hgk.de/rheinfaehre-koeln-langel-hitdorf
7 **Geysir,** Rheinpromenade, 40789 Monheim am Rhein, www.monheim.de/freizeit-tourismus/geysir
8 **Skulptur „Rheingeister"**
9 **Aalfischerei-Museum,** Klappertorstraße 38, 40789 Monheim am Rhein (Baumberg), www.monheim-entdecken.de
10 **Biologische Station Haus Bürgel,** Urdenbacher Weg, 40789 Monheim am Rhein (Baumberg), Tel. (02 11) 9 96 12 12, www.hausbuergel.de/biologische-station

Malkastenpark

Düssel-Delta

Der Düssel auf der Spur

Bei dieser Tour begleiten wir die Südliche und die Nördliche Düssel auf ihren unterschiedlichen Wegen durch die Stadt. Wir spüren ihre Verstecke auf und radeln neben ihren bekannten offenen und hübschen Bachläufen. Die Rundtour ist sowohl bei eingefleischten Düsseldorf-Fans als auch bei Neubürgerinnen beliebt: Sie ist sehr abwechslungsreich und man lernt die Stadt von ihren schönsten Seiten kennen.

*Die **Düssel** wird in der Stadt in vier Flüsse getrennt. Die erste Trennung ergibt die Nördliche und die Südliche Düssel. Bei den nächsten Trennungen entstehen zusätzlich der Kittelbach und der Brückerbach.*

Wir starten auf der südlichen Seite des **S-Bahnhofs Düsseldorf-Gerresheim.** Da die Unterführung am Bahnhof nicht mit Aufzügen ausgestattet ist, queren wir die Gleisanlagen über die Eisenbahnbrücke, zuerst auf der Straße Im Brühl und dann auf der Rampenstraße wieder hinunter. Wir folgen dem Straßenverlauf in die Glashüttenstraße bis zur Straße Alte Insel, in die wir rechts einbiegen. Hier überqueren wir bereits das erste Mal die Düssel und fahren nach rechts in die Düsselaue. An dieser Stelle ist die Düssel noch in ihrer gesamten Größe zu sehen, allerdings leider eingepfercht in ein gradliniges Betonbett. Wie schön ein renaturierter Bach aussehen kann, werden wir schon ein paar Meter weiter bestaunen können. Aber erst kommen wir zum **1 Spaltwerk Gerresheim.**

Von hier aus machen wir die ganze Runde: entlang der Südlichen Düssel bis zu ihren Mündungen in den Rhein und entlang der Nördlichen Düssel wieder hierher zurück an das erste Spaltwerk. In der Ferne erblicken wir auch schon den Rheinturm, an dem wir heute noch vorbeikommen werden. Hinter

Kilometer: 30,5
Höhenmeter: 50
Stunden: 3
RUNDTOUR

dem Spaltwerk fahren wir nach links und sehen direkt die renaturierte Südliche Düssel. Mittlerweile sind die Spuren der Bagger, die die Betonsohle ausgegraben und das Flussbett vergrößert haben, verschwunden und wir freuen uns über eine schöne artenreiche Flusslandschaft mit vielen verschiedenen Pflanzen und einem lebendigen Flusslauf. Hier teilen sich Fußgänger und Radfahrende den Weg, worauf wir bei unserer Fahrweise Rücksicht nehmen. Wir überqueren den Sandträgerweg und folgen dem weiteren Verlauf der Düssel.

Die Renaturierung wird kontinuierlich fortgesetzt, sodass wir auch in diesem Bereich möglicherweise noch auf entsprechende Arbeiten stoßen könnten. Nach einer Linkskurve führt der Weg über eine kleine Brücke und verläuft weiter über eine Wiese. Am Kamper Weg überqueren wir noch mal die Düssel und folgen dem Fluss, der nun zu unserer Rechten fließt. Am

Spaltwerk der Düssel

Eller Kamp müssen wir uns für eine kurze Zeit von der Düssel verabschieden. Wir biegen nach rechts in den Eller Kamp und dann sofort links in den Kamper Weg. Dort geht es über die **Ellerkirchstraße** zu einer Spindel auf eine Brückenauffahrt, auf der wir eine Bahnlinie überqueren. Die Straße heißt auch hinter der Brücke Ellerkirchstraße, die wir bis zur Gumbertstraße fahren. Dann geht es weiter geradeaus über Alt-Eller bis zur Karlsruher Straße. Wir unterqueren eine Eisenbahnbrücke und biegen direkt dahinter links ab in den Haustertshofweg. Dieser führt uns dann wieder zu unserem Flüsschen, welches wir auf einer Brücke kreuzen. Dahinter folgen wir dem Weg in eine Rechtskurve, um die Düssel weiter zu begleiten.

Für die Seele
Wir genießen die Ruhe des fließenden Wassers und die Lebendigkeit einer quirligen Großstadt.

Wir queren die Ludwigstraße und radeln bis zur Straße Am Straußenkreuz, in die wir nach rechts abbiegen, um erneut über die Düssel zu fahren. Weiter geht es links an der Düssel entlang. Nach kurzer Zeit gelangen wir an die Eselsbachmündung. Der Eselsbach kommt aus Erkrath, durchfließt den Eller Schlosspark, bis er hier in die Düssel mündet. Unser Weg verläuft nun zwischen der A 46 und dem Eller Friedhof. Die A 46 taucht in Wersten ab und unterfährt das Werstener Kreuz. So ergibt sich für den Fuß- und Radverkehr auf dem Werstener Deckel eine schöne ruhige Route. Wir radeln über diesen Deckel, bis wir links eine gelbe Brücke sehen. Dort stoppen wir kurz und gehen zu Fuß hinunter zur Düssel. Dies ist ein recht unbekannter Teil der offenen Düssel und wir laufen dort ein Stück entlang dieser schönen Flussstrecke. Anschließend fahren wir mit den Rädern noch ein kleines Stück über den Deckel und biegen dann nach links, um uns das ❷ **Spaltwerk Wersten** der Düssel anzusehen. Hier entstehen der Brückerbach und die Innere Südliche Düssel, die allerdings weiterhin meistens Südliche Düssel genannt wird.

Wir verlassen nun den Werstener Deckel nach rechts und fahren zur Nixenstraße, in die wir links einbiegen. An ihrem Ende rollen wir weiter geradeaus in den Grüngürtel neben der Düssel. Wir erreichen die Kölner Landstraße, zweigen rechts ab, queren die Düssel und schwenken dahinter an der Ampel nach links in die Siegburger Straße ein, die uns nach wenigen Metern wieder über die Düssel führt. Damit rollen wir in den Südpark, wo wir uns rechts halten und zwischen Parkanlage links und der Düssel rechts immer geradeaus radeln. Auch hier lohnt sich ein Stopp, um die wunderschönen Parkanlagen zu besichtigen. Im Frühjahr gibt es riesige Tulpenfelder und im Sommer die Möglichkeit, sich im Hainbuchenlabyrinth zu verlaufen.

Der Weg verläuft weiter neben der Düssel, die sich langsam zu einem kleinen See ausdehnt, links von uns die große Ballonwiese und rechts die Bahngleise. Wir queren die Düssel und fahren zwischen Bahngleisen und dem Fluss bis zum Ende des Volksgartens, wo wir

Karolingerstraße in Bilk

auf das ❸ **Bootshaus im Volksgarten** treffen und uns nach einem Drittel der Tour eine Pause verdient haben. Danach, am Ausgang des Volksgartens, kommen wir zum **„Zeitfeld“** und können auf den vielen Uhren überprüfen, ob wir mit unserer Tour noch im Zeitplan sind.

Nach einem Fotoshooting unter oder neben den Uhren kreuzen wir die Straßenbahngleise und fahren an einem Sportplatz vorbei über die Feuerbachstraße in den Stadtteil Bilk. Wir überqueren die Erasmusstraße und radeln am Karolingerplatz geradeaus in die ❹ **Karolingerstraße.** Wir rollen nun durch eine der schönsten Wohnstraßen Düsseldorfs: die Düssel mittendrin mit viel Platz für Ufergrün und riesigen Platanen. Alte Patrizierhäuser aus dem 19. Jahrhundert machen die Straße zu einem beliebten Wohnort.

Ab der Karolingerstraße verschwindet die Düssel oft im Untergrund und wir müssen verschiedene Haken schlagen, um sie wiederzufinden. Dabei kommen wir aber durch schöne Stadtteile mit urbanem Charme. Wir biegen links in die Bachstraße und gelangen zur ältesten Kirche Düsseldorfs, ❺ **Alt St. Martin.** Die Kirche hat wechselhafte Zeiten erlebt und war Anfang des 19. Jahrhunderts so baufällig geworden, dass die Pfarrgemeinde in die Loretokapelle umziehen musste, an den Ort, an dem heute die Bilker Kirche St. Martin steht. Das alte Kirchengebäude wurde zu einer Lagerstätte für Postpakete und Webstoffe und sollte irgendwann abgerissen werden. Das wurde zunächst durch den Astronomen Benzenberg verhindert, eine gründliche Restaurierung fand aber erst um 1880 statt. Auch wegen dieses Engagements tragen heute zwei Asteroiden die Namen Bilk und Benzenberg. Die Kirche wird wieder für Hochzeiten genutzt.

Über die Martinstraße fahren wir rechts weiter bis zum Lorettoviertel in Unterbilk, ein beliebtes Einkaufsviertel mit vielen inhabergeführten Läden und abwechslungsreicher Gastronomie. Vor uns erhebt sich

Zur Bundesgartenschau wurde 1987 von Klaus Rinke ein Uhrenpark am östlichen Eingang des Volksgartens aufgestellt. Diese Installation trägt den Namen ***„Zeitfeld“*** *und besteht aus 24 Bahnhofsuhren. „Alles hat seine Zeit/Ach du Liebezeit.“*

Trigonometrie rettete die älteste Kirche in Düsseldorf. Der Astronom Johann Friedrich Benzenberg (1777–1846) benötigte Anfang 1800 für seine Sternbestimmungen die Spitze des Kirchturms von ***Alt St. Martin.***

Schlossturm mit Mosaik

die heutige Bilker Kirche St. Martin. Wenn wir diese gegen den Uhrzeigersinn umfahren, finden wir auf der Bilker Allee zwei empfehlenswerte Einkehrmöglichkeiten: die 6 **Eisschmiede – Manufaktur für Genuss** und die 7 **Tapasbar Frida,** sodass für die unterschiedlichen Geschmäcker gesorgt ist.

Weiter geht es von St. Martin nordwärts in die Lorettostraße, der wir über den Jürgensplatz bis unter die Auffahrt zur Rheinkniebrücke folgen, die wir unterqueren. Dahinter können wir halb rechts zwischen zwei Bürogebäuden durchfahren und kommen wieder an ein freigelegtes Stück Düssel. Von dort radeln wir nach links in die Wasserstraße und sehen den Teich des Ständehausparks und den Spee'schen Graben. Diese Gewässer werden alle mit Düsselwasser gespeist. Über die Poststraße fahren wir bis zum Maxplatz, biegen nach links in die Schulstraße und gelangen zur Rheinuferpromenade. Hier mündet die Düssel leider unsichtbar in den Rhein.

Die Stadt hat die Stellen, an denen die Südliche und die Nördliche Düssel in den Rhein münden, mit wellenförmigen Steinen an der Unteren Rheinwerft markiert. Wir schieben die Räder flussabwärts an den Kasematten vorbei und kommen zum Burgplatz mit der Lambertuskirche und der **Spanischen Treppe.** Auf dieser Treppe sitzen im Sommer die Menschen und beobachten den Sonnenuntergang auf der anderen Rheinseite. Wunderschön eingefasst ist diese Treppe mit dem Mosaik des Künstlers Hermann-Josef Kuhna. Über den Burgplatz laufen wir am **8 Radschlägerbrunnen** vorbei zum Stadterhebungsmonument von Bert Gerresheim. Radschlagen ist ein Düsseldorfer Wahrzeichen. Seit 1937 gibt es für Mädchen und Jungen am Rheinufer ein Radschlägerturnier über eine Länge von 20 Metern. Unter den Platanen ist nun der ideale Platz für eine gemütliche Pause im **9 Biergarten des Restaurants Schwan.**

Unsere Tour geht jetzt an der Nördlichen Düssel weiter. Diese sehen wir erstmals an der Josef-Wimmer Gasse, die hinter dem Radschlägerbrunnen in den Burgplatz mündet. Hier kommen wir zum ältesten Haus Düsseldorfs, das **Lieferhaus** an der Liefergasse von 1288. Wir fahren die Liefergasse nach rechts zur Mühlenstraße, in die wir links einbiegen. In Richtung Hofgarten geht es weiter und wir sehen links das **Museum K20,** das in Tour 15 näher vorgestellt wird. Wir über-

Kunst an den Kasematten

„Großes grasendes Fohlen“

queren die Heinrich-Heine-Allee und fahren an der Felix-Mendelssohn-Bartholdy-Statue neben der Oper am Rhein in den **Hofgarten.** Der Weiher an der Landskrone wird ebenso wie alle anderen Teiche hier von der Nördlichen Düssel gespeist. Kurz hinter dem Robert-Schumann-Denkmal nutzen wir die Brücke links und radeln auf die andere Seite der Landskrone. Im Park finden wir ein Werk der Bildhauerin Renée Sintenis (1888–1965), die vor allem Bronzefiguren schuf. Die berühmteste Figur ist der „Berliner Bär", der heute für kulturelle Auszeichnungen verliehen wird. Ihre besondere Liebe galt den Pferden. Ihr „Großes grasendes Fohlen" von 1929 steht im Hofgarten.

Wir überqueren die Straßenbahngleise und radeln entlang der Düssel in Richtung Jacobistraße. Hier fahren wir links zum Schloss Jägerhof. Es lohnt sich, die Räder mal abzustellen und einen kleinen Rundgang durch den romantischen **Malkastenpark** zu machen.

__Malkastenpark,__ auch Jacobigarten genannt, ist ein Park des Künstlervereins Malkasten. Hier kann man einen kleinen Bachlauf der Nördlichen Düssel mitten in der Stadt entdecken. Er gilt als Barockgarten, der als Gartendenkmal saniert wurde.

Anschließend gelangen wir am Schloss Jägerhof vorbei zur Prinz-Georg-Straße. Hier fließt die Düssel ähnlich wie an der Karolingerstraße offen durch eine breite Allee. Die Prinz-Georg-Straße geht über in die Eulerstraße, der wir bis zur Jülicher Straße folgen. Wir zweigen rechts ab, um auf der Jülicher Brücke einen Bahndamm zu kreuzen. Hier überqueren wir die Jülicher Straße nach links und fahren in den Park der **Buscher Mühle.** Über die Mulvanystraße kehren wir wieder zurück zur Jülicher Brücke und setzen auf der Grunerstraße unsere Tour fort. Wir biegen nach rechts in die Kühlwetterstraße, die wir, nun wieder entspannt entlang der Düssel, bis zur Brehmstraße durchfahren. Die Brehmstraße überqueren wir und radeln nach links zur Grunerstraße, wo wir den Eingang des **Zooparks** finden. Wir begleiten die Düssel durch den Zoopark bis zur Heinrichstraße. Auf ihrem mit Bäumen bestandenen Mittelstreifen stoßen wir auf das **⑩ Spaltwerk Heinrichstraße.** Hier entsteht durch die Abtrennung der Kittelbach, der bei Kaiserswerth in den Rhein fließt.

Wir halten uns rechts und biegen an der Vautierstraße nach rechts in den Weg, der parallel zur Otto-Petersen-Straße an der Düssel entlangläuft, bis kurz vor der Simrockstraße eine Brücke über die Düssel führt. Über diese fahren wir und biegen dahinter links ab. Nach wenigen Metern erreichen wir die Simrockstraße und folgen ihr nach rechts bis zur Grafenberger Allee. Hier radeln wir links, folgen der Allee, bis wir die Düssel wieder überquert haben, und biegen rechts in den Weg, der neben der Düssel parallel zur Altenbergstraße verläuft. Wir schwenken nach links in die Kieselstraße ein und radeln am Spielplatz hinter der Limburgstraße zur Unterführung unter die Bahngleise. Dahinter, an der Wittelsbachstraße, fahren wir rechts am **Ostparksee** vorbei und biegen dann in den Park ein, den wir einmal quer durchradeln. Auf der Sulzbachstraße überqueren wir wieder die Düssel und zweigen nach links in die Zweibrückenstraße ab. Diese fahren wir bis zu ihrem Ende und nehmen dann weiter geradeaus den Rad- und Fußweg bis zur Dreherstraße.

An der Dreherstraße überqueren wir wieder die Düssel und biegen sofort rechts in den Weg neben der Düssel ab, dem wir bis zur Mündung des Pillebachs folgen. Hier umrunden wir den **Pillebach** durch den Quellenbusch, überqueren ihn über eine Brücke und fahren wieder zurück zur Düssel. Jetzt radeln wir links weiter, bis wir am Bauhaus-Gelände die Düssel verlassen. Um auf die Straße Nach den Mauresköthen zu gelangen, fahren wir hinter dem Gebäude erst ein kurzes Stück nach links, um dann zweimal rechts abzubiegen. Wir umrunden das Gelände der ehemaligen Glashütte, unterfahren die Bahngleise und biegen dort direkt links in die Höherhofstraße ein. Jetzt kommen wir wieder zu unserem ersten Spaltwerk. Von hier nehmen wir den gleichen Weg wie auf dem Hinweg zurück zur S-Bahn und beenden unsere Tour.

Derendorf
Jülicher Straße
Toulouser Allee
Graf-Recke-Straße
Grafenberger Wald
Grafenberg
Niederkassel
Pempelfort
Düsseltal
Gerresheim
Nördliche Düssel
Grafenberger Allee
Oberkasseler Brücke
Kaiserstraße
Nördliche Düssel
Dreherstraße
Torfbruchstraße
Heyestraße
Oberkassel
Flingern Nord
Düsseldorf
Düssel
Rheinkniebrücke
Rhein
Carl-stadt
Stadtmitte
Flingern Süd
Höherhofstraße
Düsselauen bei Gödinghoven
Friedrichstadt
Oberbilk
Sandträgerweg
Bilker Allee
Unterbilk
Lierenfeld
Vennhausen
Unterbach
Südliche Düssel
Siegburger Straße
Bilk
Süd-park
Eller Forst
Vennhauser Allee
Hamm
Eller
Karlsruher Straße
Unterbacher See
Werstener Feld
Eselsbach
Flehe
Wersten

ALLES AUF EINEN BLICK

Entspannung 3/5
Abenteuer 4/5
Vielfalt 5/5

WIE & WANN

Unterschiedliche Wege, alle Oberflächen dabei, die Tour geht mitten durch die Stadt, aber über verkehrsarme Wege. Beste Zeit: März bis Oktober.

HIN & WEG

Auto: P+R Parkplatz am S-Bahnhof Gerresheim, Heyestraße, 40625 Düsseldorf (Gerresheim)
ÖPNV: Bahnhof Düsseldorf-Gerresheim

ESSEN & ENTSPANNEN

3 **Bootshaus im Volksgarten,** Auf'm Hennekamp 101, 40225 Düsseldorf (Oberbilk), Tel. (02 11) 3 11 33 71, www.kurhaus-duesseldorf.de
6 **Eisschmiede – Manufaktur für Genuss,** Bilker Allee 22, 40219 Düsseldorf (Unterbilk), Tel. (01 55 66) 82 72 77
7 **Tapasbar Frida,** Bilker Allee 4, 40219 Düsseldorf (Unterbilk), Tel. (02 11) 15 92 99 75, www.tapasbar-frida.de
9 **Restaurant Schwan,** Mühlenstraße 2, 40213 Düsseldorf (Altstadt), Tel. (02 11) 1 36 53 87, www.restaurant-schwan.de/burgplatz

ENTDECKEN & ERLEBEN

1 **Spaltwerk Gerresheim**
2 **Spaltwerk Wersten**
4 **Karolingerstraße**
5 **Kirche Alt St. Martin**
8 **Radschlägerbrunnen**
10 **Spaltwerk Heinrichstraße**

Schloss Benrath

Sieben Schlösser

Vom Süden in die Stadtmitte

Nur wenige wissen, dass Düsseldorf neun Schlösser im Stadtgebiet aufzuweisen hat. Bei dieser Tour besuchen wir sieben von ihnen. Die Fahrt geht als Streckentour meist auf ruhigen Straßen vom Süden Düsseldorfs bis in die Stadtmitte zum Burgplatz. Ihren besonderen Reiz erhält sie durch die schön gestalteten Parks und Gärten der Schlösser.

Unsere Tour startet am **Garather S-Bahnhof** auf der Frankfurter Straße. Dort fahren wir parallel zur Straße auf dem Radweg in südliche Richtung zur Matthias-Erzberger Straße. In diese biegen wir links ein, bis wir zu einer Grünanlage gelangen, die wir nach rechts Richtung Südosten durchqueren. Auf der Garather Schlossallee kreuzen wir die Straße Am Kapeller Feld und kommen schon zu unserem ersten Schloss, dem ❶ **Schloss Garath.** Das Schloss ist in privaten Händen, aber der Schlosspark ist öffentlich, und so drehen wir eine Runde um das Schloss und können es von allen Seiten betrachten. Besonders stolz sind die Gärtner des Schlossparks auf die große Anzahl von **Blausternen,** die mit ihrer frühen Blüte den Frühling ankündigen. Wir gelangen hier erstmals an den **Garather Mühlenbach,** der uns später durch die Urdenbacher Kämpe begleiten wird.

Zurück an der Straße Am Kapeller Feld biegen wir nach links ab und überqueren etwas später die große Frankfurter Straße. Auf ihr fahren wir ein kurzes Stück über den Radweg nach links, zweigen dann nach rechts ab und unterqueren die A 59 und die dahinter liegenden Bahngleise. Wir rollen nun durch

*1907 wurde aus dem ehemaligen Rittergut das heutige **Schloss Garath.** Den Schlosspark entwarf im 18. Jahrhundert Nicolas de Pigage, der auch Architekt des Benrather Schlosses war. Seit 1978 ist der Schlosspark für die Öffentlichkeit zugänglich.*

Kilometer: 33,9
Höhenmeter: 40
Stunden: 3,5
STRECKE

Blausterne am Schloss Garath

das Waldstück des Garather Mühlenbachs zwischen Garath und Hellerhof hindurch. Hinter einer Brücke über den Bach biegen wir nach rechts ab und radeln in Richtung **2 Urdenbacher Kämpe.** Dort lohnt ein Blick von der Hellerhofbrücke über den Altrhein. An dieser Stelle ist für eine Renaturierung der Deich geöffnet worden, sodass der Garather Mühlenbach sich auf beiden Seiten des Wegs ausdehnen konnte. Entstanden ist dadurch eine wunderschöne, artenreiche Landschaft, die wir staunend durchfahren. Viele Schilder erklären unterwegs, wie sich die Landschaft nach der Renaturierung verändert hat. Besonders interessant ist der Gegensatz zwischen den künstlich angelegten Gärten und Parkanlagen und den Landschaften, bei denen der Mensch weniger eingreift und die Natur mehr Spielraum bekommt.

Wir folgen weiter dem Garather Mühlenbach, der sich in einer langen Linkskurve zwischen Garather Bebauung und der Kämpe langzieht. Am Ende der

Kämpe kommen wir an den Baumberger Weg, in den wir links einbiegen. An der Urdenbacher Dorfstraße biegen wir wieder links in die Straße Am Alten Rhein und fahren über eine wunderschöne Allee mit alten Linden zum **Benrather Schlosspark.** Im Park ist an einigen Stellen das Radfahren nicht erlaubt. Da der Park aber sehr schön und abwechslungsreich ist, lohnt es sich, das Rad durch den Park zu schieben. Die weit verzweigte Parkanlage lädt zum Entspannen ein und sie zu durchstreifen, ist wegen der vielfältigen Gestaltung ein großer Genuss. Hier sieht man die Handschrift des Gartenarchitekten Maximilian Weyhe, der in Düsseldorf neben dem Hofgarten und dem Golzheimer Friedhof viele weitere Parks gestaltet hat.

Für die Seele

Eine gemütliche Zeitreise zu sieben Schlössern mit ihren romantischen Gärten und Parkanlagen.

Das ❸ **Schloss Benrath** ist von allen Düsseldorfer Schlössern das bekannteste. Kurfürst Karl Theodor

Schloss Benrath

Naturschutzgebiet Himmelgeister Rheinbogen

von der Pfalz gab 1755 eine kleine Sommerresidenz im Barockstil in Auftrag. Nicolas de Pigage wurde als Architekt berufen. 14 Jahre später stand das Schloss Benrath mit seinem hellrosa Anstrich fertig zum Einzug. Karl Theodor war jedoch nur einmal dort. Das Schloss ist mit seiner Architektur, seinen Ausstellungen, den vielen von der Itter gespeisten Weihern und seinem einmaligen Schlosspark höchst sehenswert. Das gesamte Ensemble ist ein schöner Platz zum Verweilen, was auch die Besucherzahlen belegen. Tausende durchstreifen die barocken Säle auf Filzpantoffeln und für Hochzeiten ist das Schloss eine stilechte Kulisse. Ein wenig können wir noch ins Ambiente eintauchen und uns eine Pause im 4 **Schlosscafé** gönnen.

Nach so viel Noblesse verlassen wir das Schlossgelände am östlichen Torhaus, fahren zwischen Schloss und Weiher nach links und können das Schloss ganz aus der Nähe noch mal bewundern. Vom Schlossweiher folgen wir der Benrather Schloßstraße bis zur Meliesallee und biegen links in sie ein. Wir fahren auf dieser Allee vorbei an prächtigen Villen bis zur Pigageallee, in die wir links einschwenken, um dann nach rechts über Im Diepental zum Rhein zu gelangen, an dem wir flussabwärts entlangradeln. Kurz hinter der **Schönen Aussicht** geht es links in den schönen Radweg an der Uferstraße. Rechts von uns befinden sich die Wasserwerke und links von uns fließt passend zur Schlössertour sehr majestätisch der Rhein. Am Ende der Straße befindet sich der Reisholzer Hafen, in dem oft Künstlerausstellungen stattfinden. Wenn die **5 Kunstgalerie Töchter & Söhne** geöffnet sein sollte, ist unbedingt ein Stopp im **Café** angeraten. Der Kuchen ist unglaublich lecker und man erfährt zudem noch viel über die Geschichte des Reisholzer Hafens.

An der Reisholzer Werftstraße biegen wir rechts ab und dann links in Am Trippelsberg. Diese Straße fahren wir durch, bis sie in Itter Am Broichgraben heißt. Wo die Straße eine Rechtskurve beschreibt, zweigen wir nach links in einen Feldweg ab und radeln durch die Felder immer geradeaus. Wir befinden uns hier im Naturschutzgebiet **Himmelgeister Rheinbogen.** An der

Schloss Mickeln

Skulptur der alten Himmelgeister Kastanie biegen wir in den Kölner Weg nach rechts und nähern uns dem ❻ **Schloss Mickeln** von hinten durch den Schlosspark. Wir passieren das **Naturdenkmal der Libanonzeder** und rollen dann nach rechts in den ebenfalls von Maximilian Weyhe gestalteten Schlosspark. Heute ist dort eine große Obstwiese. Wir fahren um das Schloss herum und kommen zum Eingang. Das Schloss wird inzwischen von der Heinrich-Heine-Universität als Tagungszentrum und Gästehaus genutzt.

*Die **Libanonzeder** wurde vermutlich nach 1843 im Zuge der Umgestaltung des Parkes durch Weyhe gepflanzt. Ihr Umfang beträgt derzeit knapp 5,40 Meter bei einer Höhe von 28 Metern. Diese Bäume können 40 Meter groß und 1000 Jahre alt werden.*

Wir verlassen das Schloss über eine Kopfsteinpflasterallee und biegen am Ende nach rechts in die Straße Am Steinebrück ab. Nach einer Rechtskurve wenden wir uns links in die Itterstraße und queren die Münchener Straße. Am Friedhof vorbei fahren wir bis zu einem Stationskreuz, an dem wir links in die Straße Am Falder einbiegen. Hier sind wir auch schon ganz in der Nähe unseres vierten Schlosses: ❼ **Schloss Elbroich.** Es war als Schloss mit Wassergraben errichtet worden, allerdings verlegte Nicolas de Pigage für den Bau des Benrather Schlosses den Verlauf der Itter nach Benrath und so trocknete der Graben aus. Das Schloss wechselte häufig den Besitzer. Heute wird es als Privatkrankenhaus genutzt und es werden dort repräsentative Konferenzräume vermietet. Wir fahren in den Schlosspark und radeln in einem Bogen um das Schloss.

Dann verlassen wir den Park und fahren nördlich über die Straße Am Falder geradeaus in Am Zunder, folgen der Straße durch eine Rechtskurve und radeln weiter in die Gertrud-Woker-Straße. Nach etwas mehr als 50 Metern biegen wir links in eine Parkanlage und fahren nach rechts entlang einer grünen Trasse durch Kleingärten in Richtung Kölner Landstraße. Diese überqueren wir und bleiben weiter in der Grünanlage. Rechts befindet sich der Turn- und Fitnesspark Reusrather Straße, links liegt ein Kleingartengelände. Bevor wir zur Hügelstraße kommen, biegen wir links ab und rollen durch das **Grüne Band** zwischen Wersten und Holthausen. Wir queren die Werstener Friedhofstraße und radeln weiter gemütlich durch das Grüne Band, bis wir zur Werstener Dorfstraße gelangen. Dort machen wir einen kleinen Linksschlenker und biegen direkt rechts wieder in die Grünanlage ein.

Vor uns sehen wir eine Spindel, die uns zur Brücke über die A 46 führt. Auf der anderen Seite geht es wieder über eine Spindel herab. Wir zweigen nach links ab, fahren über den Eselsbach und wenden uns dahinter nach rechts. Ab jetzt radeln wir entlang des Baches, bis wir zu einer Straße an einem Bahndamm kommen, in die wir rechts einbiegen. Ein Eisenbahntunnel bringt uns auf die andere Seite des Dammes und wir fahren in den Schlosspark von **8 Schloss Eller** hinein. Auch dort machen wir eine kleine Runde durch den Park und sehen dann das Schloss oben auf einem kleinen Hügel. Das Schloss Eller wurde als Herrenhaus

Schloss Eller

gebaut und hieß lange schlicht Haus Eller. Nachdem aber eine echte Prinzessin, Luise von Preußen, von 1843 bis 1882 als Schlossherrin hier residiert hatte, konnte man es als Schloss bezeichnen.

Wir verlassen auch dieses Schloss und kommen nun zu den beiden letzten Highlights der Tour. Dazu fahren wir von der Nordseite des Parks vor der Heidelberger Straße links in die Felder, vorbei am Wasserspielplatz und am **Schlosshof Eller,** auch Hofparadies genannt, wieder zurück zu den Bahngleisen. Diese unterfahren wir und biegen an der Kissinger Straße rechts in eine Grünanlage. Am Haustertshofweg kommen wir zur **Südlichen Düssel** und zweigen vor ihr nach links ab. Immer am Flüsschen entlang, überqueren wir die Ludwigstraße und die Düssel an der Straße Am Straußenkreuz. Weiter geht es nun rechts von der Düssel.

Hinter der Mündung des Eselsbachs in die Düssel folgen wir dem Weg durch eine Rechtskurve und fahren ein Stück neben der A 46, bis die Autos in Wersten in den Tunnel rauschen. Wir genießen die Fahrt über den Tunnel, die jetzt wieder deutlich ruhiger geworden ist. Am Ende des **Werstener Deckels** kommen wir zum Werstener Kreuz, überqueren die Kölner Landstraße und fahren in den Südpark hinein. Wir radeln rechts am Deichsee vorbei, unterqueren den Deich und fahren links entlang des Deiches, bis wir an eine T-Kreuzung kommen, an der wir nach rechts abbiegen. Wir rollen nun durch den ganzen Südpark, bis der Weg in den Volksgarten mündet. Dort zweigen wir nach links ab, fahren an der Ballonwiese vorbei und kommen so wieder zur Düssel.

*Der Abschnitt vom Volksgarten bis zur Königsallee führt mit vielen Abzweigungen und verwinkelt durch die Innenstadt. Hierfür empfiehlt es sich, den auf der Verlagswebsite zur Verfügung gestellten **GPS-Track** zu nutzen.*

Am Ende des Volksgartens steuern wir unter den Gleisen nach rechts und überqueren an der Ampel dahinter die Kruppstraße. Es folgt nun eine längere Tour durch die Innenstadt bis zur Königsallee mit **vielen Abzweigungen,** auf der wir uns am besten an Straßenschildern orientieren. Wir radeln nordwärts auf der

Goldene Brücke im Hofgarten

Eine kleine Schar ***Papageien*** *ist vor 50 Jahren in Köln aus einer Voliere ausgebrochen. Die Halsbandsittiche, die sich tagsüber in Parks aufhalten, fliegen abends zur Königsallee. Dabei erreichen sie spektakuläre Geschwindigkeiten von bis zu 70 Kilometer pro Stunde.*

Volksgartenstraße bis zum Lessingplatz. Weiter geht es über die Lessingstraße und Ellerstraße bis zum Mintropplatz. Von dort erreichen wir über die Helmholtzstraße, Luisenstraße und Pionierstraße die Graf-Adolf-Straße. Dahinter fahren wir über die Bahnstraße, bis wir zur **Königsallee** gelangen, in die wir rechts einbiegen. Die im Volksmund Kö genannte Königsallee ist nicht nur Treffpunkt für Luxusinteressierte, sondern wird auch von **Papageien** geschätzt.

Wir radeln die Kö bis zu ihrem Ende am Corneliusplatz entlang und fahren dort in den **Hofgarten.** Vorbei am Weiher an der Landskrone stoßen wir an dessen Ostseite auf Straßenbahngleise, die wir queren. Am Brunnen mit dem „Jröne Jong" („Der ungebetene Gast") rollen wir durch den Park bis zur Jacobistraße,

Schloss Jägerhof

Schlossturm mit Riesenrad

von wo wir das 9 **Schloss Jägerhof** sehen können. Im Schloss ist seit 1987 das **Goethe-Museum** beheimatet. So kann man mit einem Museumsbesuch gleichzeitig eine Schlossbesichtigung einplanen.

Über die Jägerhofallee, die oft Reiterallee genannt wird, fahren wir nun noch mal durch den Hofgarten in Richtung Altstadt. Etwa auf Höhe des „Jröne Jong" halten wir uns rechts, steuern auf die Jägerhofstraße und folgen ihr nach links über die Kaiserstraße hinweg. Dahinter biegen wir rechts wieder in den Hofgarten ein. Einmal quer durch den Hofgarten radeln wir zur Oederallee und fahren bis zur Rheinuferpromenade durch. Hier biegen wir nach links ab und radeln unter der Oberkasseler Brücke zum letzten Etappenziel, dem 10 **Alten Schlossturm** mit dem **Café Laterne.** Hoch oben im Schlossturm mit seiner fantastischen Aussicht auf den Rhein und die Düsseldorfer Altstadt können wir auf das Angenehmste die Tour Revue passieren lassen.

*Der **Alte Schlossturm** ist ein Überbleibsel einer Burganlage, die im 16. Jahrhundert gebaut wurde. Heute befinden sich dort ein Café mit einem schönen Rundumblick und ein Schifffahrtsmuseum, das eine der ältesten Sammlungen zur Binnenschifffahrt zeigt.*

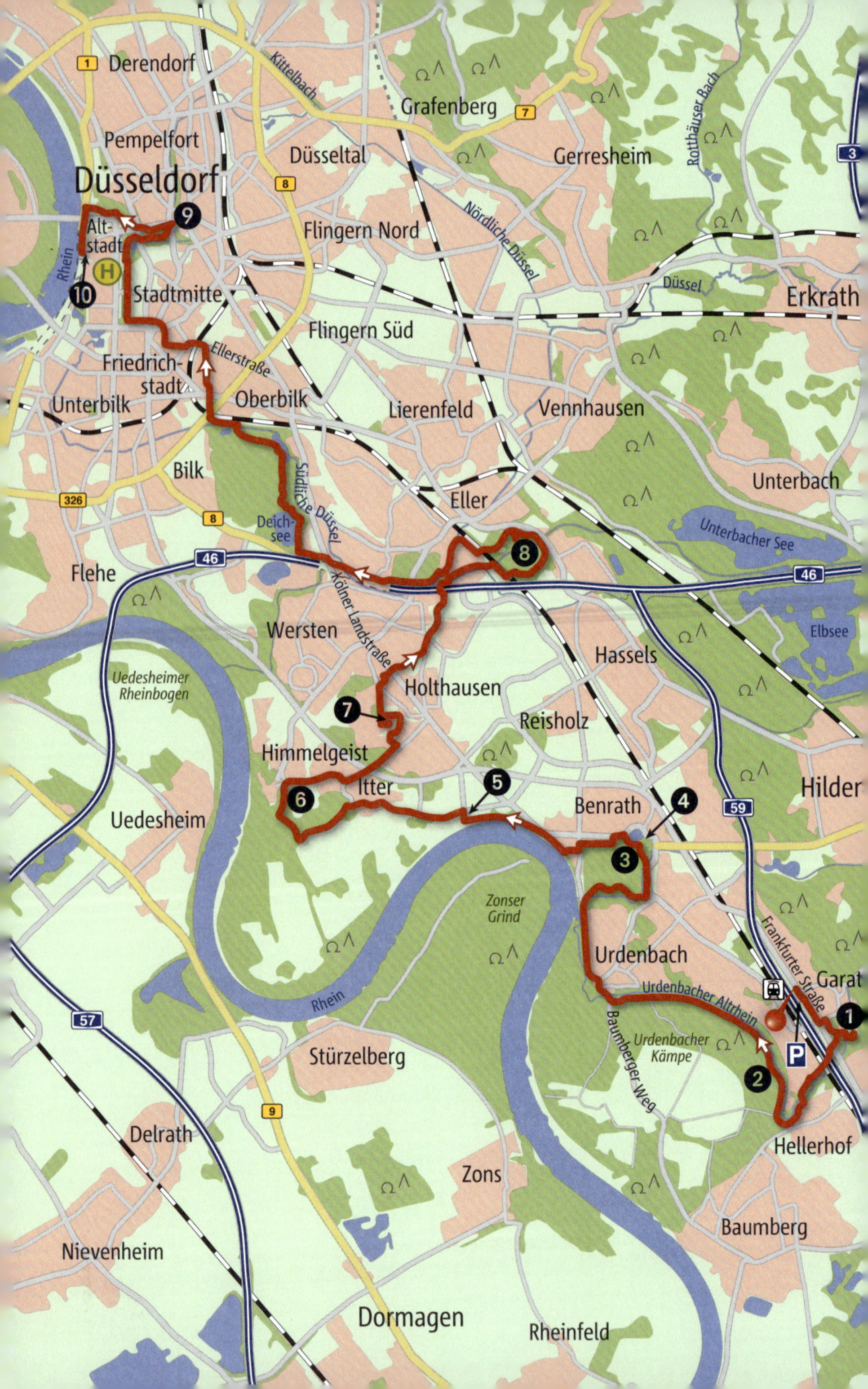
Derendorf
Pempelfort
Düsseldorf
Alt-
stadt
Rhein
Stadtmitte
Friedrich-
stadt
Unterbilk
Bilk
Flehe
Düsseltal
Grafenberg
Kittelbach
Gerresheim
Rotthäuser Bach
Flingern Nord
Nördliche Düssel
Flingern Süd
Düssel
Erkrath
Ellerstraße
Oberbilk
Lierenfeld
Vennhausen
Unterbach
Südliche Düssel
Eller
Deich-
see
Unterbacher See
Elbsee
Kölner Landstraße
Wersten
Hassels
Holthausen
Reisholz
Uedesheimer
Rheinbogen
Himmelgeist
Itter
Benrath
Hilden
Uedesheim
Zonser
Grind
Urdenbach
Frankfurter Straße
Garath
Urdenbacher Altrhein
Baumberger Weg
Urdenbacher
Kämpe
Stürzelberg
Hellerhof
Delrath
Zons
Baumberg
Nievenheim
Dormagen
Rheinfeld

ALLES AUF EINEN BLICK

Entspannung 3/5
Abenteuer 2/5
Vielfalt 4/5

WIE & WANN
Gute Radwege. Beste Zeit: April bis Oktober.

HIN & WEG
Auto: P+R Parkplatz am S-Bahnhof Düsseldorf-Garath, Koblenzer Straße, 40595 Düsseldorf (Garath)
ÖPNV: Bahnhof Düsseldorf-Garath, am Ziel: Haltestelle Heinrich-Heine-Allee

ESSEN & ENTSPANNEN
4 **Schlosscafé Schloss Benrath,** Benrather Schloßallee 108, 40597 Düsseldorf (Benrath), Tel. (02 11) 26 17 92 48, www.schloss-benrath.de/schlosscafe
5 **Galerie und Café Töchter & Söhne,** Reisholzer Werftstraße 73, 40589 Düsseldorf (Holthausen), Tel. (01 73) 5 23 05 40
10 **Café Laterne im Schlossturm,** Burgplatz 30, 40213 Düsseldorf (Altstadt), Tel. (02 11) 8 99 75 86, www.freunde-schifffahrtmuseum.de/museum/gastronomie

ENTDECKEN & ERLEBEN
1 **Schloss Garath**
2 **Urdenbacher Kämpe**
3 **Schloss Benrath**
6 **Schloss Mickeln**
7 **Schloss Elbroich**
8 **Schloss Eller**
9 **Schloss Jägerhof mit Goethe-Museum,** Jacobistraße 2, 40211 Düsseldorf-Pempelfort, Tel. (02 11) 8 99 62 62, www.goethe-museum.de
10 **Alter Schlossturm mit Schifffahrtsmuseum,** siehe ESSEN & ENTSPANNEN

Spielplatz Inselstraße

Wasser marsch!

Zu den Wasserspielplätzen

Düsseldorf ist stolz auf seine große Anzahl an Wasserspielplätzen. Bei dieser schönen Rundtour erkunden wir einige davon auf ruhigen Schleichwegen. Wir starten am **Zoopark** an der Brehmstraße/Ecke Grunerstraße. Düsseldorf hat zwar keinen Zoo, aber einen sehr schönen Park an der Stelle, wo früher der Zoo war. Wir halten uns immer links und kommen so direkt zum **❶ Wasserspielplatz Zoopark,** dem ersten Highlight auf unserer Tour. Hier gibt es einen Platz mit Fontänen und einem hochgelegenen Punkt, von dem aus das Wasser auf verschiedenen Wegen in den Sand fließt und natürlich unterwegs auch gestaut werden kann. Für Klein und Groß von 3 bis 99 Jahren ist es spannend, dass das Wasser über eine **archimedische Schraube** wieder hochgepumpt werden kann. Was sich sehr kompliziert anhört, ist in der Praxis ganz einfach und macht Spaß. Während die Kinder munter pumpen, überlegen die Erwachsenen, wie das funktioniert.

*Wenn Wasser kinderleicht von unten nach oben transportiert werden soll, dreht man die **archimedische Schraube.** Im 3. Jahrhundert v. Chr. von Archimedes entwickelt, erfreut sich diese auf dem Wasserspielplatz großer Beliebtheit.*

Nach Lösung aller physikalischen Fragen setzen wir unsere Tour durch den Park fort. Wir überqueren die Nördliche Düssel, halten uns weiter links und kommen zur Mathildenstraße. Dort fahren wir kurz nach rechts und gegenüber der Faunastraße direkt links in den kleinen Park neben der Düssel, die wir bis zur Heinrichstraße begleiten. In diese biegen wir rechts ein und an der nächsten Kreuzung links in die Graf-Recke-Straße, der wir über die Lenaustraße hinweg folgen. Vor einem Grüngürtel schwenken wir dann nach rechts in die Gutenbergstraße ein und steuern auf eine bei

Kilometer: 27,5
Höhenmeter: 40
Stunden: 3
RUNDTOUR

*Das **Eiscafé Luna** ist entweder hopp oder top. Wer klassische Eissorten und gutes Eis statt einer Balsamico-Basilikum-Lemonkugel will oder eine heiße Waffel mit zwei Kugeln, Spaghettieis oder Bananensplit bevorzugt, ist hier bestens aufgehoben.*

Radfahrern sehr beliebte Nord-Süd-Verbindung mit wenig Autoverkehr zu. Diese führt uns an unserem ersten Pausenziel vorbei, dem direkt hinter der Unterführung des Staufenplatzes gelegenen ❷ **Eiscafé Luna** – einer Institution für Spaziergänger, die aus dem Grafenberger Wald kommen, für Leute aus dem Viertel und demnächst auch für uns.

Weiter geht es schnurgerade über den Radweg auf der Allee neben der Limburgstraße. Der Name ändert sich in Heinzelmännchenweg, die Fahrtrichtung bleibt. Am Ende des Wegs stoßen wir auf den Hellweg, den wir überqueren und wo wir links unter den Bahngleisen durchfahren. Wir biegen rechts in den Siedlerweg und fahren diesen bis zur Bertastraße, wo wir eventuell absteigen und die Räder um die engen Poller hochschieben müssen. Wir radeln rechts in den Zamenhofweg, unterqueren auf der Straße Nach den Mauresköthen eine Bahnunterführung und biegen

Wasserspielplatz Tannenhofweg

dahinter an der Höherhofstraße links ab. Hier heißt es Vorsicht beim Abbiegen, denn die Kreuzung ist unübersichtlich und ohne Ampel. Kurz danach ist es aber sofort wieder ruhiger und wir genießen die Fahrt durch die Felder, auf denen häufig Pferde grasen. Wir kommen zum **Spaltwerk,** welches die Düssel in die Nördliche und Südliche Düssel trennt (siehe Tour 11). Hier biegen wir rechts ab und fahren über den Reichenbacher Weg neben der frisch renaturierten Südlichen Düssel. Am Gothaer Weg überqueren wir die Düssel über die Brücke und gucken noch mal eben kurz, ob wir Fische im Wasser sehen können. Hinter der Brücke zweigen wir direkt rechts in den Weg ab, der neben der Düssel verläuft. Hier teilen sich Fußgänger und Radfahrer den Weg, also fahren wir entsprechend rücksichtsvoll.

Für die Seele
Erfrischung garantiert – über Schleichwege geht es zu den schönsten Wasserspielplätzen.

Wir nähern uns dem nächsten Ziel, dem ❸ **Wasserspielplatz Tannenhofweg.** Auf der linken Seite radeln wir an einer Hundeauslauffläche vorbei und sehen hinter einem Gebüsch die Einfahrt zum Spielplatz. Im Sand wartet schon ein Wal und sprüht in unregelmäßigen Abständen laut prustend eine große Fontäne Wasser in die Luft. Ein großer, weiß-roter Leuchtturm lädt zum Klettern ein und selbstverständlich gibt es auch hier einen Wassermatschbereich. Die **Graffiti-Künstler Tubuku** haben ans Technikgebäude des Platzes eine passende Wasserlandschaft gezaubert.

Nach dieser Pause setzen wir unsere Tour fort und radeln weiter an der Düssel entlang. Wir queren den Sandträgerweg und fahren weiter neben dem Flüsschen, bis wir am Ende des Mündrathwegs an eine kleine Brücke kommen. Diese nutzen wir und fahren neben dem Neusalzer Weg links in Richtung Kamper Weg. Erneut überqueren wir die Düssel und zweigen rechts in den neben ihr verlaufenden Grünstreifen ab. Am Eller Kamp angelangt, biegen wir links ab und

Der Seehund im Südpark

fahren links abwärts und mit einem U-Turn zur Vennhauser Allee. Diese nutzen wir bis zur Straßenbahnschleife an der Schloßallee, in die wir nach links einschwenken. Über die Heidelberger Straße gelangen wir in den Schlosspark Eller. Dort gibt es direkt am Eingang einen legendären **Abenteuerspielplatz,** der 2023 sein 50-jähriges Jubiläum feiern konnte. Vor dem Abenteuerspielplatz biegen wir rechts ab und kurz danach links.

Hier kommen wir zum Hofladen im Schlosshof Eller, dem **Hofparadies.** Vor 70 Jahren wurde dort mit Hühnerhaltung und dem Verkauf von Eiern aus dem Küchenfenster begonnen. Inzwischen ist er ein Geheimtipp. In einer Mischung aus lokalen, regionalen und Bioangeboten werden Obst, Gemüse, Fleisch und vegane Produkte verkauft. Mit vollen Satteltaschen geht die Fahrt weiter bis zur Unterführung unter die Bahngleise, wo wir links neben den Gleisen radeln, bis wir zum Eselsbach kommen. Diesem folgen wir nach rechts durch die Grünanlage, bis er in die Düssel mündet. Weiter geht es ein kurzes Stück über den Werstener Deckel zu unserem nächsten Ziel. Hinter der Hundespielwiese biegen wir rechts ab und fahren links in die Nixenstraße bis zu ihrem Ende. Hier schlängelt sich ein wunderschöner Radweg an der Düssel entlang bis zur Kölner Landstraße. Gegenüber rollen wir ein Stückchen nach links versetzt neben der Franz-von-Sales-Kirche hinab in den Südpark bis zum See.

Am Ufer geht es nach rechts und wir erreichen den ④ **Wasserspielplatz am Deich im Südpark,** einem der ältesten Wasserspielplätze Düsseldorfs, der vor 2 Jahren gründlich renoviert wurde. Im neuen Gewand gibt es nun attraktive Wasserspiele und einen schönen Kletterpark. Was aber für uns Radfahrer besonders interessant sein dürfte, ist direkt daneben der **Pumptrack.**

Pumptrack

*Eine unschlagbare Kombination von Café, Spielplatz und Hofladen bietet das **Café Südpark.** Mit Herz und Seele arbeiten dort Menschen mit Behinderung und bieten einen Ort der Entschleunigung. Im Sommer ein wahrer Hotspot für Familien mit Kindern.*

Hier wird spielerisch Fahrsicherheit gelernt und es erstaunt, wie selten die kleinen Radler, Skater oder Rollerfahrer zusammenstoßen. Die blauen Linien zeigen an, wo man fahren muss, wenn man nur den Schwung der Hügel nutzen will und ohne zu treten durchs Gelände rollt. Es gibt für den Parcours keine Altersbeschränkung. Jeder darf mal – und auch die älteren Semester haben dabei offensichtlich riesigen Spaß. Wenn jetzt langsam Hunger aufkommt, empfiehlt es sich, unten am See weiterzufahren und zum 5 **Café Südpark** zu radeln. Das Café überzeugt mit selbst gebackenen Kuchen und kleinen Gerichten und der Hofladen bietet selbst hergestellte Produkte aus den Werkstätten oder dem Gartenbau.

Unser nächstes Ziel ist nicht weit. Wir fahren am kleinen Bauernhof vorbei und durch den Park in Rich-

Der Drachen vom Volksgarten

tung Norden. An einem zu beiden Seiten offenen, rechteckigen Platz sehen wir auf der rechten Seite das **6 Hainbuchenlabyrinth,** das einen Abstecher lohnt. Der Eintritt ist kostenlos und es gibt zum Glück die Garantie, dass man wieder herausfindet. Weiter geht es zu den liebevoll gestalteten Seenlandschaften der Düssel, die für die Bundesgartenschau 1987 errichtet wurden und zu den beliebten Zielen der Düsseldorfer und ihrer Gäste zählen. Wir fahren an der Düssel durch den Park, der ab hier Volksgarten heißt, und kommen zum **7 Wasserspielplatz Volksgarten.** Hier sind der große rote Drachen und das Piratenschiff unter Palmen die Attraktion. Außerdem gibt es viele neue Wasserspiele, die vor Kurzem frisch renoviert worden sind.

Wir rollen weiter an der Düssel entlang und verlassen den Volksgarten. Dort überqueren wir die Straße Auf'm Hennekamp und sehen schon von Weitem das beliebteste Ingenieurbauwerk der Stadt: die **8 Nessy,** ein bunter Drachen. Nessy ist das Lieblingsungeheuer von allen großen und kleinen Kindern. Die Architektin Inge Loerke schuf 1996 die Nessy-Familie, weil der darunterliegende Wasserhauptkanal eine Belüftungsanlage benötigte.

In Schottland vermisst, in Düsseldorf Auf'm Hennekamp gefunden. Hier ist ***Nessy*** *kein Ungeheuer, sondern eine ungeheuerliche Lüftungsanlage von 8 Metern Höhe. 2021 frisch renoviert, erstrahlt sie seitdem wieder drachenhaft in schönen bunten Farben.*

Wir fahren nun an einem Sportplatz vorbei und immer geradeaus über die Feuerbachstraße zur Karolingerstraße. Wo die Karolingerstraße einspurig wird und die Düssel im Untergrund verschwindet, fahren wir links in die Planetenstraße. Rechts geht es in die Fleher Straße, die wir überqueren. Nun steuern wir über die Sternwartstraße direkt links in den **Sternwartpark** zum **9 Wasserspielplatz** auf dem Alten Bilker Friedhof. Auch dieser Wasserspielplatz aus den 1960er-Jahren wurde vor wenigen Jahren rundum erneuert. Heute herrscht dort bei gutem Wetter Freibadatmosphäre, denn der Sternwartpark ist auch wegen seiner vielen großen Wiesen ein beliebter Treffpunkt.

Danach radeln wir quer durch den Park zurück zur Sternwartstraße und folgen ihr nach links bis zur Ger-

Nessy

maniastraße, in die wir rechts einbiegen. An der Kirche Alt St. Martin fahren wir in die Bachstraße und rollen unter einer Bahnunterführung bis hinter die Palmenstraße, wo wir links in den **Florapark** einschwenken. Dort finden wir einen kleinen Stadtteilspielplatz mit Wassermatschbereich für die ganz Kleinen. Nun geht es langsam wieder zurück zum Startpunkt. Dazu fahren wir weiter über die Bachstraße, überqueren die Elisabethstraße und die Friedrichstraße und biegen dann links in die Talstraße. Diese Straße führt uns immer geradeaus bis zum Anfang der Königsallee, der wir bis zum **Hofgarten** folgen.

Am Ende der Königsallee schlenkern wir nach links und rechts und biegen vor dem Parkhotel rechts in den Hofgarten. Unser Weg führt über die Goldene Brücke, links am Teich vorbei und dann durch die Unterführung der Maximilian-Weyhe-Allee. Hier sollten wir noch die Gelegenheit nutzen, den großen **⑩ Spielplatz an der Inselstraße** zu besuchen. Dieser wurde erst 2024 fertiggestellt. Schon während der Bauphase blieben viele neugierig stehen und der fertige Spielplatz wird beim Spielplatzranking bestimmt einen der ersten Plätze einnehmen.

Über die Reitallee fahren wir zur Kaiserstraße und überqueren die Kreuzung, um auf der anderen Seite weiter durch den Hofgarten zu sausen. Wir radeln über die Jägerhofallee und biegen vor dem Schloss Jägerhof links in die Duisburger Straße. Halb rechts geht es in die Prinz-Georg-Straße und vor der Rochuskirche biegen wir rechts in die Bagelstraße. Diese Straße geht hinauf zur **Franklinbrücke,** die wir nutzen, um halb rechts auf die Humboldtstraße abzubiegen. Am Schillerplatz zweigen wir links ab in die Herderstraße und fahren bis zum Brehmplatz. Hier sehen wir schon einen Eingang des Zooparks. Am Kiosk mit einem kleinen Café gelangen wir in den Park, radeln links am Teich vorbei und kommen zurück zu unserem Startpunkt.

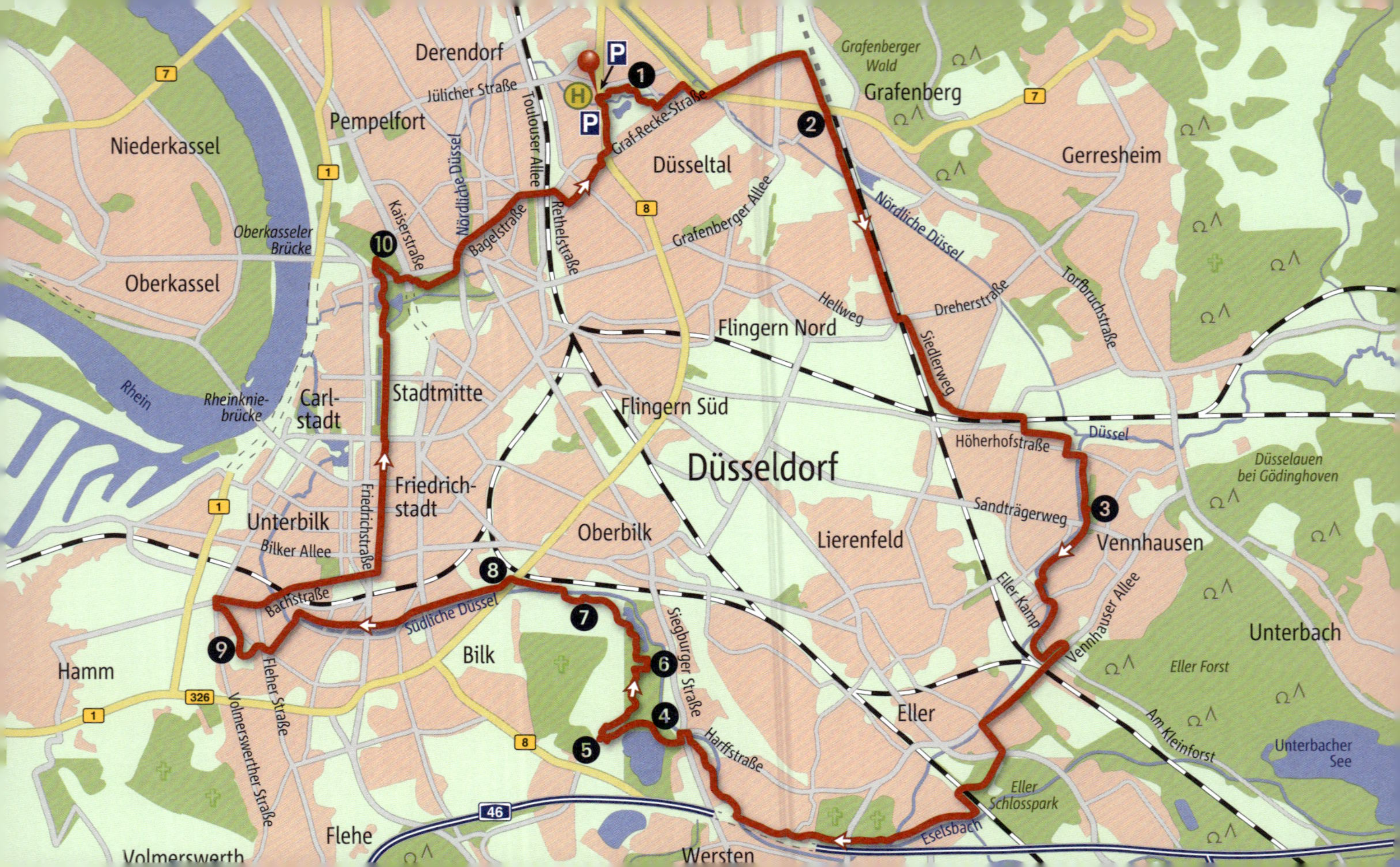
Derendorf
Jülicher Straße
Pempelfort
Niederkassel
Oberkasseler Brücke
Oberkassel
Rhein
Rheinkniebrücke
Carlstadt
Stadtmitte
Friedrichstadt
Unterbilk
Bilker Allee
Friedrichstraße
Bachstraße
Hamm
Fleher Straße
Volmerswerther Straße
Volmerswerth
Flehe
Bilk
Südliche Düssel
Oberbilk
Kaiserstraße
Nördliche Düssel
Toulouser Allee
Bagelstraße
Rethelstraße
Graf-Recke-Straße
Düsseltal
Grafenberger Allee
Grafenberger Wald
Grafenberg
Gerresheim
Nördliche Düssel
Torfbruchstraße
Dreherstraße
Hellweg
Siedlerweg
Flingern Nord
Flingern Süd
Düsseldorf
Höherhofstraße
Düssel
Sandträgerweg
Lierenfeld
Vennhausen
Düsselauen bei Gödinghoven
Eller Kamp
Vennhauser Allee
Unterbach
Eller Forst
Am Kleinforst
Unterbacher See
Eller
Eller Schlosspark
Eselsbach
Siegburger Straße
Harffstraße
Wersten

ALLES AUF EINEN BLICK

Entspannung 3/5
Abenteuer 5/5
Vielfalt 4/5

WIE & WANN

Gute Radwege und verkehrsarme Nebenstraßen. Beste Zeit: März bis Oktober, geeignet für heiße Sommertage.

HIN & WEG

Auto: Parkplatz am Eingang Zoopark, Brehmstraße/Ecke Grunerstraße oder Parkplatz Eisstadion, Brehmstraße 27, 40239 Düsseldorf (Düsseltal)
ÖPNV: Haltestelle Grunerstraße

ESSEN & ENTSPANNEN

2 **Eiscafé Luna,** Grafenberger Allee 413, 40235 Düsseldorf (Grafenberg), Tel. (02 11) 87 53 71 49
5 **Café Südpark,** In den Großen Banden 58, 40225 Düsseldorf (Wersten), Tel. (02 11) 88 25 84 40 64

ENTDECKEN & ERLEBEN

1 **Wasserspielplatz Zoopark**
3 **Wasserspielplatz Tannenhofweg**
4 **Wasserspielplatz am Deich im Südpark**
6 **Hainbuchenlabyrinth**
7 **Wasserspielplatz Volksgarten**
8 **Nessy**
9 **Wasserspielplatz Sternwartpark**
10 **Spielplatz Inselstraße**

Botanischer Garten

Tour de Grün

Lebendige Oasen in der Stadt

Unsere Städte verändern sich: Flächen werden entsiegelt, Bäume werden gepflanzt, Schwammstädte für Regenwassernutzung und Hochwasserschutz entstehen. All das passiert nicht an einem Tag und an einem Ort, sondern langsam und fast überall. Die Städte bieten wieder mehr Aufenthaltsqualität und so entstehen neue Treffpunkte für Menschen. Das Leben kehrt in die Städte zurück. Mit dieser Tour begleiten wir diesen spannenden Veränderungsprozess und besuchen die Plätze und Orte, wo sich bereits etwas verändert hat.

„Fischer, Fischer, wie tief ist das Wasser?" Das erfährt man an der ***Pegeluhr.*** *Sie befindet sich bei Rheinkilometer 744,2. Der große Zeiger markiert die Meter und der kleine Zeiger die Zentimeter des Wasserstandes.*

Unsere Tour de Grün beginnt am ❶ **Fortunabüdchen** am Rheinufer gegenüber der Tonhalle, einem der Lieblingstreffpunkte der Düsseldorfer. Hier kann man mit herrlichem Blick auf den Rhein ein Getränk genießen oder sich für die gemeinsame Fahrt mit dem Rad zum Rheinstadion sammeln, wenn die Fortuna ein Heimspiel hat. Heute geht es für uns in den Süden und so fahren wir unter der Oberkasseler Brücke auf die Rheinuferpromenade. An dieser Stelle gibt es für Radfahrer und Fußgänger getrennte Wege. Wir radeln entspannt über eine der schönsten Panoramastrecken in Düsseldorf und passieren die **Pegeluhr.** Links sehen wir die Altstadt und rechts fließt der Rhein. Sehr schön präsentiert sich hier das Oberkasseler Panorama mit den alten Patrizierhäusern und den Rheinwiesen davor.

Kilometer: 23
Höhenmeter: 50
Stunden: 2,5
RUNDTOUR

Vor der Rheinkniebrücke biegen wir links ab und fahren zu unserem ersten Highlight am Horionplatz. Wir finden hier die ❷ **Beuys-Eiche** mit einer Stele aus Basaltstein. Der Düsseldorfer Künstler Joseph Beuys hat 1982 in

Urban Gardening heißt übersetzt Gärtnern in der Stadt. Bei den vielen verschiedenen Projekten werden kleinste Flächen entweder in Kübeln und Kisten begrünt oder entsiegelt. So wird das Lebensumfeld vor der Tür verschönert.

einer spektakulären Kunstaktion 7000 Eichen auf der Documenta in Kassel mit großem persönlichem Einsatz und der Hilfe vieler Freiwilliger gepflanzt. Er nannte dieses Landschaftskunstwerk eine Raum-Zeit-Skulptur: „Lieber Stadtverwaldung als Stadtverwaltung." Viele Düsseldorfer sind überrascht, wenn sie hören, dass auch sie eine der berühmten Beuys-Eichen haben, die mittlerweile eine stattliche Größe erreicht hat.

Wir radeln unter der Rheinkniebrücke auf die Neusser Straße und fahren dort bis zur Lorettostraße und der Bilker Kirche St. Martin. Hier gibt es das nächste grüne Highlight, ein **Urban-Gardening-Projekt** der Initiative „platzgrün!". Anwohner versuchen seit längerer Zeit, den Platz vor der Kirche zu verschönern, und gemeinsam mit **„platzgrün!"** haben sie dort einen kleinen Teil des Platzes entsiegelt und mit einem **Staudenbeet** bepflanzt. Das ganze Jahr über erfreuen sich die Menschen an dieser Aufwertung des vorher eintönig grauen Platzes.

Bachplätzchen

In Sichtweite gibt es auch die sehr gute ❸ **Eisschmiede – Manufaktur für Genuss,** in der man sich mit einem Eis auf die Bänke setzen und Tulpen oder Bienen zählen kann. Über die Benzenbergstraße fahren wir bis zur Bachstraße. An dieser Stelle ist das **Bachplätzchen** für die Nutzung von Anwohnern verändert worden. Wir finden eine von vielen Mobilitätsstationen, die Düsseldorf gerade stadtweit baut, um die Verkehrswende voranzubringen. Hier kann man sich Lastenräder und Carsharingautos leihen und Stellplätze fürs Fahrrad mieten. „platzgrün!" hat auch dort eine Fläche begrünt, die nun von den Anwohnerinnen liebevoll gepflegt wird. Wo vorher Autos parkten, kann man jetzt Boule spielen.

Für die Seele

Ob Urban Gardening, Pocket Parks oder Botanischer Garten – wir entdecken alte und neue Oasen.

Wir fahren weiter unter den Bahngleisen durch und biegen links in die **Karolingerstraße.** Diese Straße ist durch die schönen alten Häuser, die großen Platanen und die Düssel, die dort entlangfließt, eine der schönsten Wohnstraßen Düsseldorfs. So radeln wir gemütlich bis zum Karolingerplatz, an dem wir rechts in die Brunnenstraße einbiegen. An der Kreuzung mit der Suitbertusstraße schwenken wir halb links in die Witzelstraße, überqueren Auf'm Hennekamp und haben ab jetzt einen wunderbaren Radweg. Am Ende des rot asphaltierten Wegs biegen wir rechts in die Christophstraße und fahren diese bis zum Ende durch.

Weiter geht es über den Stoffeler Broich zur Straßenbahnschleife, dort sehen wir rechts das Gelände des ❹ **Botanischen Gartens.** Dieser gehört zur Heinrich-Heine-Universität Düsseldorf, der Eintritt ist kostenlos. Es gibt einen Audioguide für einen Rundgang oder eine Spezialführung zum Thema Pflanzenzüchtung. Außerdem werden regelmäßig Veranstaltungen zu unterschiedlichen Themen durchgeführt. Wenn also mal Fragen zum Urban Gardening auftauchen, kann man sich hier das nötige Fachwissen holen.

Nach dem Besuch des Botanischen Gartens fahren wir auf den Deich zum teilweise renaturierten **Brückerbach.** Wir folgen ihm nach links bis zu einem Rechtsknick, wo wir den Deich verlassen, geradeaus in den Fuhlrottweg rollen und diesem durch eine Rechtskurve folgen. Am Nöggerathweg biegen wir links ab. Nach einer Rechts-links-Fahrt geht es am Unisee vorbei und am Ende des Wegs links auf den Radweg und hoch zur Brücke über die A 46. Dort überqueren wir nach der Autobahn auch die Straßenbahngleise und die Werstener Straße. Dahinter, am Rondell mit der Skulptur von Erwin Heerich, biegen wir halb links ab und rollen in den **Südpark.** Vorbei am Streichelzoo und dem Café Südpark, welches wir in Tour 13 besuchen, geht es weiter am Deich entlang. Wir passieren einen Brunnen, die Quelle 2 „Siphon", und schwenken vor der Siegburger Straße links in die Gartenbereiche des **Südparks.** Um die Vielfalt und Pracht dieser wunderschönen städtischen Gartenanlage zu genießen, ist es empfehlenswert, vom Rad abzusteigen und durch die Gärten zu schlendern. Belohnt werden wir mit einem Rosengarten, einem Teichgarten und großen Tulpenbeeten. Diese Gärten sind bei der Bundesgartenschau 1987 entstanden und werden weiterhin jedes Jahr neu bepflanzt. So gelangen wir zu den Teichen der Düssel und radeln hier gemütlich durch die Parkanlagen.

Vor der Ballonwiese biegen wir links ab. Anschließend folgen wir dem Weg zwischen Wasserspielplatz und Bootshaus nach rechts abzweigend über die Düssel. Vor der Unterführung zur Emmastraße schwenken wir links ein und fahren entlang der Düssel bis zum Ausgang des Volksgartens. Nun durchqueren wir die Unterführung nach rechts, kreuzen die Kruppstraße nach links und fahren auf der Volksgartenstraße bis zur Oberbilker Allee, die wir überqueren. Hier ist das **5 Bistro dreiRaum** wärmstens zu empfehlen. Wer Gastronomie mit Herzblut und köstlichen Speisen sucht, ist hier genau richtig.

Frühling im Südpark

Anschließend radeln wir ein kurzes Stück über die Hüttenstraße, biegen hinter der Unterführung nach links in die Gustav-Poensgen-Straße und kommen zu unserem nächsten Highlight, der **6 Halskestraße.** Mitten in der Stadt haben Anwohner das Urban Gardening etwas ausgedehnt und die Gehwegsteine zwischen den Bäumen entfernt. Für Fußgänger sind diese Flächen wenig sinnvoll, aber wenn dort Beete entstehen, die gepflegt werden, hat das auch Auswirkungen auf die Gesundheit der Bäume, da diese mehr Wasser bekommen. Dieses Vorgehen ist denn auch von der Stadt Düsseldorf genehmigt worden. Und vielleicht ist die Halskestraße ja ein Impuls für andere Anwohnerinitiativen.

Nach diesem Input fahren wir links in die Kirchfeldstraße und umrunden den Fürstenplatz, an dessen nördlichem Ende wir in die Pionierstraße rollen. Wir queren die Herzog- und Hüttenstraße und radeln bis zur Luisenstraße, in die wir rechts einbiegen. Am Mintropplatz zweigen wir links ab und unterqueren

Maria-und-Josef-Otten-Platz

rechts auf der Ellerstraße erneut die Bahngleise. Dahinter wechseln wir die Straßenseite, fahren wenige Meter auf dem Radweg entlang der Willi-Becker-Allee und schwenken rechts in die Eisenstraße ein. In Höhe der Höhenstraße fahren wir links in einem U-Turn auf die andere Seite der Eisenstraße und dort rechts in die Stahlwerkstraße. An deren Ende radeln wir geradewegs in eine Grünanlage. Hier halten wir uns rechts und erreichen **7 düsselgrün e. V.** Der Verein ist eine der ältesten Urban-Gardening-Initiativen und erhielt 2023 von der Stadt den Umweltschutzpreis für seine engagierte langjährige Arbeit. Hier im WGZ-Park werden Gemüse für den Kochtopf und Blumen für die Biodiversität gepflanzt.

Wir verlassen die Grünanlage nach Osten und fahren über die Kölner Straße in den IHZ-Park. Dazu fahren wir über die Haifastraße an der U-Bahn-Station Moskauer Straße vorbei. Wir radeln zwischen den beiden kleinen Teichen zum Fuß- und Radweg und biegen dahinter rechts ab. Am Ende des Parks queren wir die Werdener Straße und fahren auf ihr nach links zur Fichtenstraße. Hier kreuzen wir wieder die Werdener Straße und steuern in die Albertstraße zu unserem nächsten Highlight. In der Kurve sehen wir auf der linken Seite einen neu gepflanzten ❽ **Pocket Park.**

Im Rahmen des Bundesprogramms „Anpassung urbaner Räume an den Klimawandel" ist dieses kleine Wäldchen auf einem ehemaligen Parkplatz entstanden. Die Stadt hat 2023 die Fläche entsiegelt, bepflanzt und mit einem Bewässerungssystem ausgestattet. Die Ergebnisse lassen sich bereits heute bewundern. Ein kleiner Rundweg und Bänke laden zum Verweilen ein. Ein weiterer Schritt in eine lebenswerte Stadt ist gemacht. Es gibt bereits Planungen für neue Pocket Parks in anderen Vierteln.

__Pocket Parks__ sind Grünflächen, die in dicht besiedelten Städten kleine Flächen, die vorher brach lagen, neu beleben. Bäume und Pflanzen bieten oft einen Kontrast zur umliegenden Bebauung und werten die Stadtviertel für die Anwohner auf.

Mit diesen Eindrücken setzen wir unsere Tour fort und rollen die Albertstraße hinab zur Erkrather Straße, wo wir halb links in die Mettmanner Straße abbiegen. An der Gerresheimer Straße wenden wir uns nach links, unterqueren zunächst Bahngleise und radeln gleich dahinter an der Elisabethkirche über andere Gleise hinweg bis zur Worringer Straße, in die wir rechts abzweigen. Wir überqueren die Kreuzung Am Wehrhahn und biegen halb links in die Adlerstraße, der wir bis zur von links kommenden Pempelforter Straße folgen. Dort fahren wir halb rechts in die Rochusstraße, auf der wir ein längeres Stück bleiben, bis wir zur Sternstraße kommen, in die wir rechts einschwenken. Am Krankenhaus biegen wir links in die Blücherstraße ab. Dort fahren wir bis zur Parkstraße und sehen ein weiteres schönes Projekt des Vereins **„platzgrün!"** in Zusammenarbeit mit den Anwohnerinnen und Anwohnern am erst kürzlich umbenannten ❾ **Maria-und-Josef-Otten-Platz.** Aus einem ehemals grauen Flecken ohne Aufenthaltsqualität ist nun ein Plätzchen geworden, wo man sich hinsetzen und das städtische Großstadttreiben inmitten von Blumen genießen kann. Ein Bücherschrank und eine Sammlung von bunten Tischen und Stühlen werten den Platz weiter auf und laden dazu ein, mitten im Großstadttrubel für eine Pause zu verweilen.

Unsere Tour führt weiter links über die Parkstraße und wir kommen zum Luise-Oppenheimer-Platz, der das Gegenstück zum Maria-und-Josef-Otten-Platz darstellt. Sofort sehen wir, wie viel Potential zur Aufwertung hier schlummert. Vielleicht wird auch dieser Platz schon bald in ein neues kleines grünes Fleckchen verwandelt. Wir radeln die Parkstraße weiter, kreuzen die Nordstraße und setzen unseren Weg in der Schwerinstraße fort. Dieses Viertel ist berühmt für seine vielen schönen Geschäfte und Einkaufsmöglichkeiten. Auch wir gönnen uns eine Pause und frönen im Café **⑩ Die Kaffee Privatrösterei Olga Sabristova** dem Genuss. Dort wird seit vielen Jahren ein besonders leckerer Kaffee geröstet und auch in sehr netter Atmosphäre serviert. Besonders charmant ist eine Aktion der Inhaberin, bei der man einen Kaffeebon kaufen kann, den Menschen einlösen dürfen, die gerade mal nicht so viel Geld haben.

Kulturhistorisch ist der von 1805–1897 genutzte ***Golzheimer Friedhof*** *einer der bedeutendsten in Nordrhein-Westfalen. Man wandelt zwischen alten knorrigen Bäumen und etwa 350 klassizistischen, neugotischen oder neuromanischen Grabmalen hiesiger Persönlichkeiten.*

Danach fahren wir weiter zur Pfalzstraße, in die wir links einbiegen. Weiter geht es rechts in die Kaiserswerther Straße und links in die Klever Straße. Direkt hinter der Fischerstraße steuern wir nach links auf den **⑪ Golzheimer Friedhof** zu. Dies ist der älteste Düsseldorfer Friedhof, der seit 1992 unter Denkmalschutz steht und ein grünes Kleinod mitten in der Stadt ist. Hier schieben wir unsere Räder und genießen die Ruhe und die besondere Atmosphäre, die dieser Friedhof ausstrahlt.

Wir verlassen den Friedhof am Südende nach rechts und biegen dann links ab in Richtung Ehrenhof. Zum Abschluss unserer Tour de Grün unternehmen wir noch einen Abstecher durch den berühmtesten Garten Düsseldorfs, den von allen Düsseldorfern geliebten **Hofgarten.** Dazu fahren wir an der Inselstraße in den Park und halten uns vorläufig parallel zur Inselstraße. Dann radeln wir über die nach dem Sturm Ela wiederhergestellte Reitallee. Wir überqueren die Maximilian-Weyhe-Allee und biegen vor dem Weiher an der Landskrone rechts ab. Wenn wir nun einen kleinen Schlenker in Richtung Schauspielhaus machen, sehen wir, dass das Thema Urban Gardening auch bei großen Architekturprojekten angekommen ist. Das sogenannte **Ingenhoven-Tal** hat eine großflächige Begrünung mit Hainbuchenhecken. Mit einem Blick nach rechts sehen wir oben auf dem Ananasberg die Skulptur „Der Mahner".

Wir fahren weiter am Teich entlang und kommen oben an das Ratinger Tor. Hier fahren wir rechts über die Heinrich-Heine-Allee und rollen über die Oederallee zum Rhein. Dort sehen wir das Fortunabüdchen und können mit einem Getränk am Mäuerchen sitzend auf den Rhein gucken.

Ingenhoven-Tal

Nieder-
kassel
Rhein
Ober-
kassel
Oberkasseler
Brücke
Pempel-
fort
Klever Straße
Fischerstraße
Kaiserstraße
Moltkestraße
Nördliche Düssel
Rochusstraße
Toulouser Allee
Rethelstraße
Graf-Recke-Straße
Düsseltal
Adlerstraße
Grafenberger Allee
Flingern Nord
Alt-
stadt
Heinrich-Heine-Allee
Düsseldorf
Gerresheimer Straße
Flingern Süd
Carl-
stadt
Stadtmitte
Rheinknie-
brücke
Kölner Straße
Erkrather Straße
Eisenstraße
Ellerstraße
Fürstenwall
Friedrichstadt
Hüttenstraße
Kruppstraße
Oberbilk
Bilker Allee
Oberbilker Allee
Unterbilk
Südliche Düssel
Karolingerstraße
Merowingerstraße
Brunnenstraße
Bilk
Siegburger Straße
Südpark
Witzelstraße
Deichsee
Christophstraße
Universitätsstraße
Unisee
Flehe
Brückerbach
Wersten
Volmerswerth
Rhein

ALLES AUF EINEN BLICK

Entspannung
Abenteuer
Vielfalt

WIE & WANN

Abwechslungsreiche Tour durch die Stadt zumeist auf Radwegen und wenig befahrenen Straßen. Beste Zeit: April bis Oktober.

HIN & WEG

Auto: Parkplatz am Rheinufer unter der Oberkasseler Brücke, Robert-Lehr-Ufer 1, 40474 Düsseldorf (Pempelfort)
ÖPNV: Haltestelle Tonhalle/Ehrenhof

ESSEN & ENTSPANNEN

1. **Fortunabüdchen**, Joseph-Beuys-Ufer 27, 40479 Düsseldorf (Pempelfort)
3. **Eisschmiede – Manufaktur für Genuss,** Bilker Allee 22, 40219 Düsseldorf (Unterbilk), Tel. (01 55 66) 82 72 77
5. **Bistro & Bar dreiRaum,** Volksgartenstraße 15, 40227 Düsseldorf (Oberbilk), Tel. (02 11) 17 80 60 94, www.dreiraumbistro.de
10. **Die Kaffee Privatrösterei Olga Sabristova,** Schwerinstraße 23, 40477 Düsseldorf (Pempelfort), Tel. (02 11) 97 71 14 20, www.die-kaffee.de

ENTDECKEN & ERLEBEN

2. **Beuys-Eiche**
4. **Botanischer Garten**
6. **Halskestraße**
7. **düsselgrün e. V.,** www.duesselgruen.de
8. **Pocket Park**
9. **Maria-und-Josef-Otten-Platz**
11. **Golzheimer Friedhof**

Wandkeramik am K20

Kult(o)ur

Düsseldorfer Museenlandschaft

Düsseldorf wird oft auch die Kunststadt genannt. Die Düsseldorfer Malerschule, die Kunstakademie, die vielen Museen und berühmten Künstlerinnen und Künstler sind weit über die Stadtgrenzen vielen Menschen bekannt. Bei dieser Tour kommen wir an den wichtigsten und spannendsten Museen vorbei. Diese Sightseeingtour kann man auch mal fahren, wenn das Wetter nicht ganz so gut ist. Immer wenn es gerade anfängt zu tröpfeln, ist das nächste, schöne Museum in der Nähe.

Wir starten am **Düsseldorfer Hauptbahnhof.** Vom Konrad-Adenauer-Platz steuern wir an den großen Platanen vorbei zur Bismarckstraße. Dies ist eine Fahrradstraße, auf der wir nebeneinander fahren können. Wir radeln die Bismarckstraße bis zum Ende, biegen links in die Steinstraße und überqueren die Berliner Allee. Schon haben wir die berühmte Königsallee erreicht und fahren links entlang des Kögrabens. Am Graf-Adolf-Platz biegen wir rechts ab und vor einem Park mit Teich links in die Elisabethstraße. An einer U-Bahn-Station fahren wir rechts in den **Ständehauspark.**

Nach längeren Jahren des Leerstandes baute man das Ständehaus zum Museum für Kunst des 21. Jahrhunderts um und es bekam schlicht den Namen ***K21.*** *Es beherbergt bedeutende internationale Gegenwartskunst der Kunstsammlung Nordrhein-Westfalens.*

Zwischen 1876 und 1880 wurde das Ständehaus als Versammlungsort für den Rheinischen Provinziallandtag sowie als Parlaments- und Verwaltungsgebäude im historistischen Stil errichtet. Nach dem Zweiten Weltkrieg war es von 1949 bis 1988 Sitz des nordrhein-westfälischen Landtags. Seit dem Umbau zum **❶ Museum K21** im Jahr 2001 ziert das Gebäude eine imposante Glas- und Stahlkuppel, die

Kilometer: 17

Höhenmeter: 40

Stunden: 2

RUNDTOUR

K21 im Ständehaus

schon von Weitem zu sehen ist. Dementsprechend heißt ein anderes Museum am Grabbeplatz **K20,** da wir dort Kunst des 20. Jahrhunderts zu sehen bekommen: aber dazu später mehr.

Wir radeln an der Wasserstraße links bis zur Reichsstraße, fahren unterhalb der Kniebrückenauffahrt weiter und folgen der Hubertusstraße zum Landtag. An diesem geht es links vorbei zum **2 Rheinturm.** Bei gutem Wetter kann man von oben den Kölner Dom sehen, aber auch bei regnerischem Wetter lohnt sich ein Besuch. Eine beliebte Mutprobe ist es, sich auf die schrägen Fensterscheiben zu legen und bis tief nach unten zum Fuß des Turmes zu gucken.

Für die Seele

Der Weg ist das Ziel – und die Pausen verschönern den Weg.

Nach dem Besuch des Rheinturmes fahren wir durch den kleinen Park zum Rheinufer und radeln an der anderen Seite am Landtag vorbei. Wir bewundern den schönen **Brunnen von Heinz Mack,** der die Architektur des Landtags besonders hervorhebt. Das Wasser ruht still und bewegt sich kaum sichtbar, es sei denn ein Hund springt hinein und wirbelt es auf. Wir umrunden den Landtag und fahren unter der Rheinkniebrücke quer über den Johannes-Rau-Platz. Am Horionplatz biegen wir links in die Berger Allee. Die

Rheinturm

Stadtmuseum

*Der „**Radschläger**" ist eines der Wahrzeichen von Düsseldorf. Der erste Radschläger wurde als Türknauf einer Tür der St. Lambertus Kirche angebracht. 2001 wurden 100 Skulpturen in einer Kunstaktion gestaltet und im Stadtgebiet aufgestellt.*

Straße verläuft an den alten Befestigungsanlagen. Wo sich früher die Stadtgrenze mit dem Berger Tor befand, steht heute das ❸ **Stadtmuseum,** in dem sich sowohl für Düsseldorfer als auch für Touristen stets interessante Dinge entdecken lassen, nicht zuletzt der **„Radschläger".** Ein Geheimtipp ist der schöne **Rosengarten** direkt hinter dem Stadtmuseum, dessen Besuch sich immer lohnt.

Gegenüber vom Stadtmuseum liegt eine sehr beliebte Kneipe. Das ❹ **Bistro Zicke** mit seinem überaus freundlichen Service lockt mit einem malerischen Biergarten sowie köstlichen Speisen und guten Weinen. In unmittelbarer Nähe, auf der Bilker Straße 15, befindet sich auch das **Schumann-Haus.** Hier haben von 1850 bis 1855 Clara und Robert Schumann mit ihren sieben Kindern auf zwei Etagen gelebt und komponiert. Seit dem 1. Dezember 2023 ist es als Museum geöffnet und zeigt Exponate und Werke aus dem Leben und Schaffen des Ehepaars.

*2008 schuf die New Yorker Künstlerin Sarah Morris eine bunte **Wandkeramik** mit dem Titel „Hornet". Die 7 mal 27 Meter zeigen die Bewegung einer fliegenden Hornisse. 2100 Fliesen wurden dafür von ihr wie ein Origami zusammengesetzt.*

Über die Bäckerstraße fahren wir links zum Rhein auf die Rheinuferpromenade. An der Pegeluhr überprüfen wir kurz den Wasserstand und radeln bis zum Burgplatz. Dort biegen wir nach links in die Mühlenstraße und kommen zum ❺ **Museum K20,** dessen Außenfassade von einer **Wandkeramik** geziert wird.

Aquazoo Löbbecke Museum

Wir überqueren die Heinrich-Heine-Allee und fahren links auf dem Radweg weiter. Am Ratinger Tor überqueren wir die Maximilian-Weyhe-Allee und steuern neben dem Hofgarten über die Oederallee wieder zurück zum Rhein. Am Joseph-Beuys-Ufer fahren wir rechts bis zur **Rheinterrasse,** an der wir links in den Weg am Robert-Lehr-Ufer einschwenken und zum Rhein hinabrollen. Wir genießen die Fahrt direkt am Rhein, lassen uns die frische Luft um die Nase wehen und radeln an verschiedenen Restaurantschiffen vorbei.

Vor der Theodor-Heuss-Brücke biegen wir rechts ab und fahren unter der Brücke auf die Kastanienallee der Rotterdamer Straße. Ein kurzes Stück weiter zweigen wir rechts in die Reeser Straße ab und radeln an der Kaiserswerther Straße links bis zur Grünanlage, die den Nordpark mit dem Nordfriedhof verbindet. Hier sehen wir links die zwei großen Pferde von Edwin Scharff. Sie markieren den Eingang zum Nordpark und die Zufahrt zum **6 Aquazoo Löbbecke Museum.** Der Aquazoo ist Düsseldorfs Museum mit den höchsten Besucherzahlen, und das liegt nicht nur an den munteren Pinguinen, sondern auch an den schön gestalteten Aquarien. Besondere Erwähnung verdient das nachgebildete Korallenriff mit den vielen bunten Fischen und Anemonen.

Bevor wir den Aquazoo besuchen, lohnt sich noch ein Blick auf die Brunnen mit den **Wasserspielen.** Hier gibt es immer eine frische Brise und liebevoll bepflanzte Blumenbeete. Anschließend fahren wir durch den Nordpark wieder zum Rhein und unter der Kastanienallee an der Rotterdamer Straße zurück zur Theodor-Heuss-Brücke. Dahinter radeln wir geradeaus über den Radweg an der Cecilienallee bis zum Rheingärtchen, überqueren das Joseph-Beuys-Ufer und erreichen den **7 Kunstpalast** im Ehrenhof. Staunen, schauen, entdecken, mitmachen, genießen: Das alles geht im neuen Kunstpalast Ehrenhof. Etwa 800 Werke werden in 49 Räumen ausgestellt. Bei einem Rund-

*Der **Aquazoo** hat neben Forschung und Bildung besonders den Artenschutz zu seiner Hauptaufgabe erklärt. Insbesondere liegt ihm der Lurch am Herzen. Da seine Art bedroht ist, gibt es für den Feuersalamander ein eigenes Schutzprogramm. Halte durch, Lurch!*

Kunstwerk von Katharina Grosse am Kunstpalast

gang sehen wir Bilder, Alltagsgegenstände, Schmuckstücke, Plastiken und vieles mehr aus 11 Jahrhunderten. Am Anfang oder Ende kann man sich bei feiner Aussicht über das Palastgelände im **7 Café und Restaurant Anna Maria** stärken. Freitags und samstags gibt es dort auch Drinks und Snacks im Underground-Club CREAMCHEESE mit Musik aus den 60er- und 70er-Jahren.

Durch den Ehrenhof fahren wir zur Inselstraße und radeln in den Hofgarten. Über die Reitallee geht es zur Kaiserstraße, die wir überqueren, und steuern hinter dem Theatermuseum auf den Teich mit dem „Jröne Jong" zu. Über die frisch renovierte Jägerhofallee kommen wir zum Schloss Jägerhof, in dem das **8 Goethe-Museum** beheimatet ist. Direkt in der Nähe befindet sich auch der Künstlerverein Malkasten mit dem wohl romantischsten Park in der Stadt.

Über die Jacobistraße und Tonhallenstraße fahren wir bis zur Immermannstraße, in die wir links einbiegen. Wir radeln diese bis zum Ende und überqueren die Karlstraße. Jetzt ist es nur noch ein Katzensprung bis zu unserem letzten Ziel am **KAP1,** der großen Stadtbücherei am Hauptbahnhof. Im Jahr 2023 wurde sie zur Bücherei des Jahres gewählt und wir sollten zum Abschluss der Tour unbedingt einen Blick hineinwerfen. Neben 300.000 Medien gibt es eine schön gestaltete Kinder- und Jugendbibliothek. An 600 Arbeitsplätzen kann man lesen und lernen oder sich im **9 Café Xafé** stärken. Stöbern, entdecken, ausleihen: An 7 Tagen die Woche findet man dort auch immer gute Rad- und Wanderführer. Und damit enden diese Tour und das Buch.

Goethe-Museum

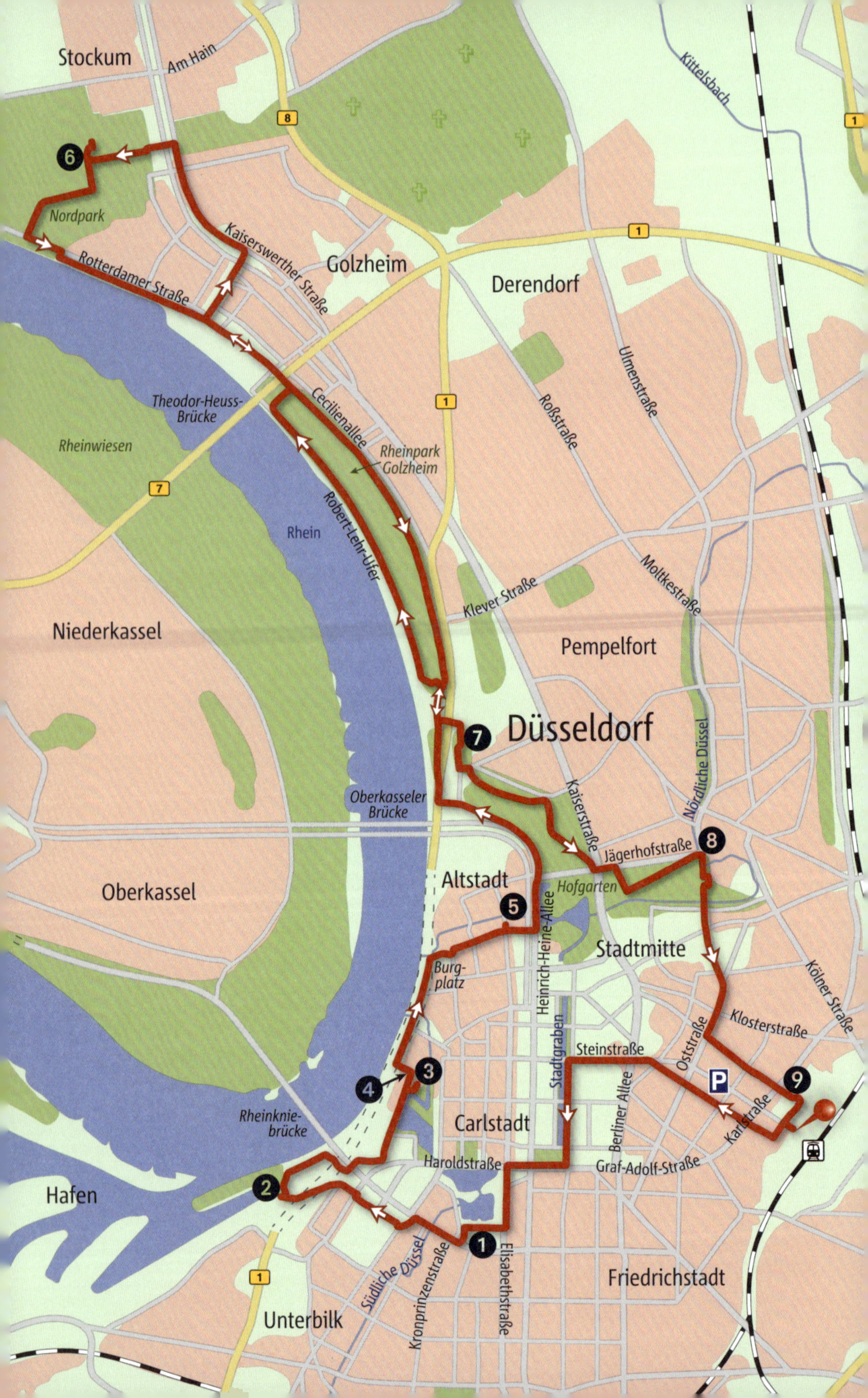
Stockum
Am Hain
Kittelsbach
Nordpark
Rotterdamer Straße
Kaiserswerther Straße
Golzheim
Derendorf
Theodor-Heuss-Brücke
Cecilienallee
Rheinpark Golzheim
Rheinwiesen
Robert-Lehr-Ufer
Rhein
Roßstraße
Ulmenstraße
Moltkestraße
Klever Straße
Niederkassel
Pempelfort
Düsseldorf
Oberkasseler Brücke
Kaiserstraße
Nördliche Düssel
Jägerhofstraße
Altstadt
Hofgarten
Oberkassel
Heinrich-Heine-Allee
Stadtmitte
Burgplatz
Kölner Straße
Klosterstraße
Oststraße
Steinstraße
Stadtgraben
Berliner Allee
Karlstraße
Carlstadt
Rheinkniebrücke
Haroldstraße
Graf-Adolf-Straße
Hafen
Elisabethstraße
Südliche Düssel
Kronprinzenstraße
Friedrichstadt
Unterbilk

ALLES AUF EINEN BLICK

Entspannung 3/5
Abenteuer 4/5
Vielfalt 3/5

WIE & WANN

Verkehrsarme Straßen und Radwege mitten durch die Stadt.
Beste Zeit: März bis Oktober.

HIN & WEG

Auto: Parkhaus am Hauptbahnhof Düsseldorf, Charlottenstraße 62, 40210 Düsseldorf (Stadtmitte)
ÖPNV: Hauptbahnhof Düsseldorf

ESSEN & ENTSPANNEN

4 **Bistro Zicke,** Bäckerstraße 5 a, 40213 Düsseldorf (Carlstadt), Tel. (02 11) 32 40 56, www.bistro-zicke.de

7 **Café und Restaurant Anna Maria** im Museum Kunstpalast, Ehrenhof 4–5, 40479 Düsseldorf (Pempelfort), Tel. (0 15 15) 4 65 46 99, www.kunstpalast.de/de/cafe-und-restaurant-anna-maria

9 **Café Xafé im KAP1,** Konrad-Adenauer-Platz 1, 40210 Düsseldorf (Stadtmitte), Tel. (01 52) 10 86 42 56, https://xafe-im-kap1.eatbu.com

ENTDECKEN & ERLEBEN

1 **K21 – Kunstsammlung im Ständehaus**, Ständehausstraße 1, 40217 Düsseldorf (Carlstadt), Tel. (02 11) 8 38 12 04, www.kunstsammlung.de

2 **Rheinturm**

3 **Stadtmuseum,** Berger Allee 2, 40213 Düsseldorf (Carlstadt), Tel. (02 11) 8 99 61 70, www.duesseldorf.de/stadtmuseum

5 **K20 – Kunstsammlung Nordrhein-Westfalen,** Grabbeplatz 5, 40213 Düsseldorf (Altstadt), Tel. (02 11) 8 38 12 04, www.kunstsammlung.de

6 **Aquazoo Löbbecke Museum,** Kaiserswerther Straße 380, 40474 Düsseldorf (Stockum), Tel. (02 11) 27 40 02 00, www.duesseldorf.de/aquazoo

7 **Kunstpalast,** siehe ESSEN & ENTSPANNEN, www.kunstpalast.de

8 **Goethe-Museum**, Jacobistraße 2, 40211 Düsseldorf (Pempelfort), Tel. (02 11) 8 99 62 62, www.goethe-museum.de

Die GPS-Daten zu jeder Tour gibt es auf www.droste-verlag.de

Konzeption/Satz: Droste Verlag, Düsseldorf
Einbandgestaltung: Britta Rungwerth, Düsseldorf, unter Verwendung von Bildern von © Fotolia.com: Andrey Kuzmin, undrey, dabost, niroworld; © Stock.adobe.com: Peeradontax
Fotos: Anja Vorspel, außer: Inge Heuschen: S. 20; Neanderthal Museum: S. 38, S. 42 (Holger Neumann); Kirsten Schröder: S. 136; Stock.adobe.com: S. 1 (Axel Dieterle/Wirestock), S. 16 (ErnstPieber), S. 31 (Fabrique Imagique), S. 32 (Eduard Shelesnjak), S. 43 (Achim Banck), S. 52 (travelpeter), S. 55, S. 118 (hespasoft), S. 69 (kristina rütten), S. 73, S. 145 (Peeradontax), S. 74 (CC-IMAGES), S. 86 (maxbaer), S. 97, S. 105 (mitifoto), S. 116 (annacovic), S. 152 (borisb17), S. 168 (janvier); Ursula Struwe: S. 4, S. 66, S. 81, S. 98, S. 101, S. 135, S. 142, S. 173; Wikimedia Commons, CC BY-SA 4.0 DEED: S. 35 (Laura Rammeloo, https://commons.wikimedia.org/wiki/File:LSG-4806-0002_-_Groov'sche_Loch_-_Reuschenberger_Busch.jpg), S. 40 (DiAuras, https://commons.wikimedia.org/wiki/File:NSG_Westliches_Neandertal_(13).jpg), S. 46 (DiAuras, https://commons.wikimedia.org/wiki/File:Morper_Park_(4)_Forsthaus.jpg), S. 47 (DiAuras, https://commons.wikimedia.org/wiki/File:NSG_Stinderbachtal_(5)_Stindermühle.jpg), S. 50 (DiAuras, https://commons.wikimedia.org/wiki/File:Frühling_in_der_Heide.jpg), S. 57 (DiAuras, https://commons.wikimedia.org/wiki/File:NSG_Hildener_Stadtwald_Sandbach_(30).jpg), S. 58 (DiAuras, https://commons.wikimedia.org/wiki/File:Naturschutzzentrum_Bruchhausen.jpg), S. 60/61 (DiAuras, https://commons.wikimedia.org/wiki/File:NSG_Düsselaue_bei_Gödinghoven_(35).jpg), S. 88 (Jonathan Groß, https://commons.wikimedia.org/wiki/File:Lantzscher_Park_Kapelle_Südost_20170719.jpg), S. 94 (Daskupa, https://commons.wikimedia.org/wiki/File:2021-07-20-_Düsseldorf-Wersten-Brückerbach-nach_Starkregen.jpg), S. 106 (Im Fokus, https://commons.wikimedia.org/wiki/File:Wuppertal,_Bhf._Varresbeck,_Rückseite,_Biergarten-Betrieb,_Bild_3.jpg), S. 124 (Bernhard40, https://commons.wikimedia.org/wiki/File:LSG_4807-0008_-_Urdenbacher_Altrhein_-_Haus_Bürgel_-_Renaturierter_Löschteich.jpg), S. 128 (Jula2812, https://commons.wikimedia.org/wiki/File:Malkastenpark_im_Mai_2021_(03).jpg), S. 146 (DiAuras, https://commons.wikimedia.org/wiki/File:NSG_Himmelgeister_Rheinbogen_(10).jpg)
Textlektorat: Dr. Carsten Storm, Dresden
Karten: Thorsten David, Bochum
Druck und Bindung: LUC GmbH, Greven

ISBN 978-3-7700-2571-8
www.droste-verlag.de